지금 입기 좋은 옷

나카야마 유이 지음
황선영 옮김 | 문수연 감수

이아소

지금까지 저는 오랫동안
옷에 '동심의 세계'를 표현해왔습니다.
숨 가쁘게 살아가는 동안 잊고 지낸
어린 시절 상상의 나래, 한 장 한 장 빠져들었던 그림책과 아동문학…,
아이를 키우며 되살아난 그때의 기억과
아이들에 대한 사랑을 작은 옷에 담아 디자인했습니다.

그런데 뜻밖에도
이야기 속에서 튀어나온 듯한 디자인을
입고 싶어 하는 어른도 아주 많다는 사실에 놀랐습니다.
가슴 뛰게 만드는 동화는 어쩌면 어른에게 더 필요한 게 아닐까요.

그때 그 시절 우리는 상상의 나래를 맘껏 펼쳤습니다.
그런데 어느덧 사회 구성원으로 훌쩍 성장해
녹록지 않은 현실과 일상을 마주하며 살고 있습니다.
그래도 인생의 굴곡을 이겨내왔으니
그 시절의 꿈을 이루는 힘 또한 내 안에 있을 거예요.
우선 가슴 설레는 옷을 직접 만드는 것부터 도전해보면 어떨까요.

아이 옷의 사랑스러움과 경쾌함은 살리고
어른에게 어울리는 밸런스로 재구성한 옷과
완전히 새롭게 디자인한 옷을 모아 이 책에 담았습니다.

입을수록 애정이 깊어지는 옷,
희망과 순수한 동심을 일깨워주는 옷이 된다면 좋겠습니다.
여러분의 일상이 해피엔드가 되도록 말이죠.

나카야마 유이

contents

10

가르송 에이프런
garçon apron
가르송 에이프런 *a*
p.20 ⁄ how to make p.66

가르송 에이프런
garçon apron
가르송 에이프런 *b*
p.21 ⁄ how to make p.67

11

램프
lamp
프릴 칼라 블라우스
p.22 ⁄ how to make p.68

12

램프
lamp
프릴 칼라 원피스
p.24 ⁄ how to make p.68

13

시스터 에이프런
sister apron
시스터 에이프런
p.25 ⁄ how to make p.74

14

에크뤼
écru
스탠드 칼라 셔츠
p.26 ⁄ how to make p.76

15

벌룬
balloon
벌룬 스커트
p.28 ⁄ how to make p.71

18

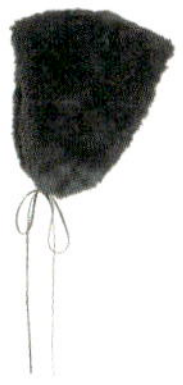

이어머프
earmuff
이어머프
p.33 ⁄ how to make p.80

19

판초
poncho
후드 판초
p.34 ⁄ how to make p.78

20

로브
robe
로브 코트
p.36 ⁄ how to make p.81

21

체스터
chester
체스터 코트 *a*
p.38 ⁄ how to make p.87

22

체스터
chester
체스터 코트 *b*
p.40 ⁄ how to make p.84

how to make … p.41
옷을 만들기 전에 … *p.42*

01
lale 라레

오픈 칼라 반소매 원피스

꽃봉오리를 모티프로 한
오픈 칼라 원피스.
어깨 끝을 내린 퍼프 슬리브와
스커트 이음 등 디테일에
신경 썼다.
느낌 있는 색을 고르면
실루엣이 한층 돋보인다.

how to make ⇒ p.44

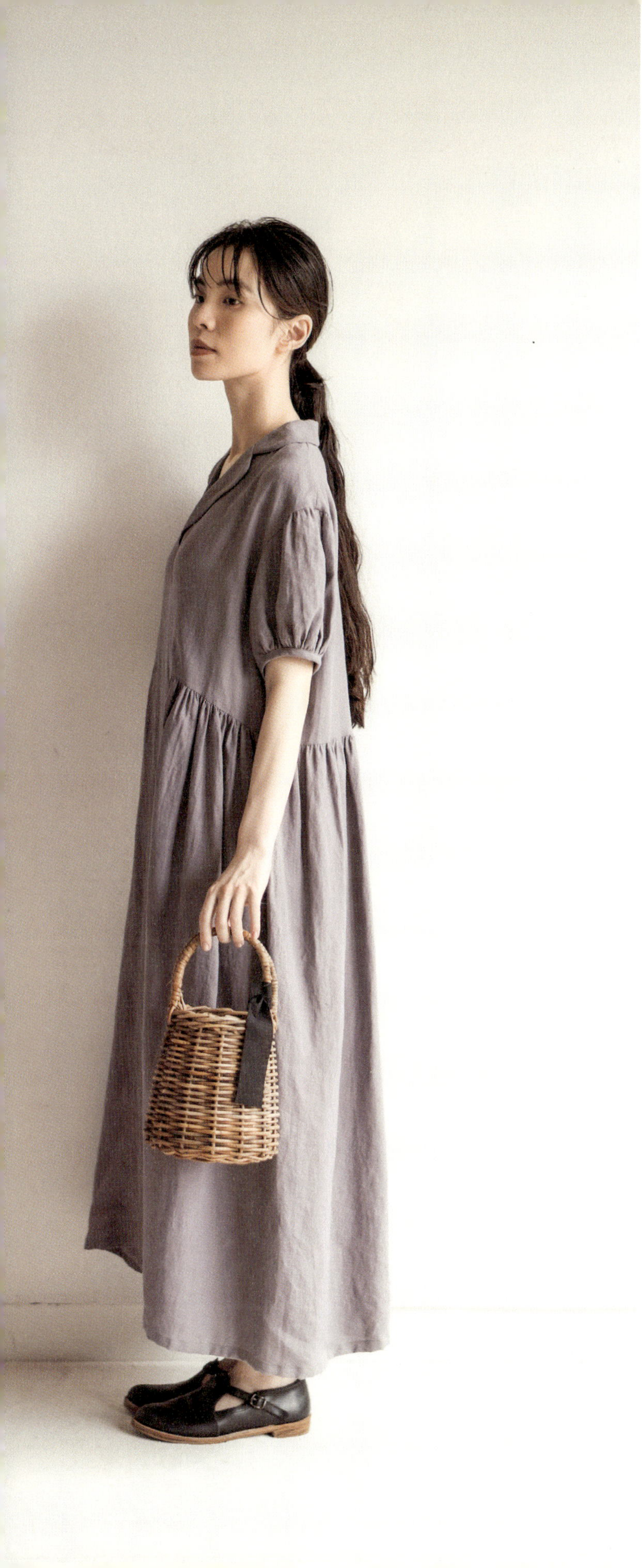

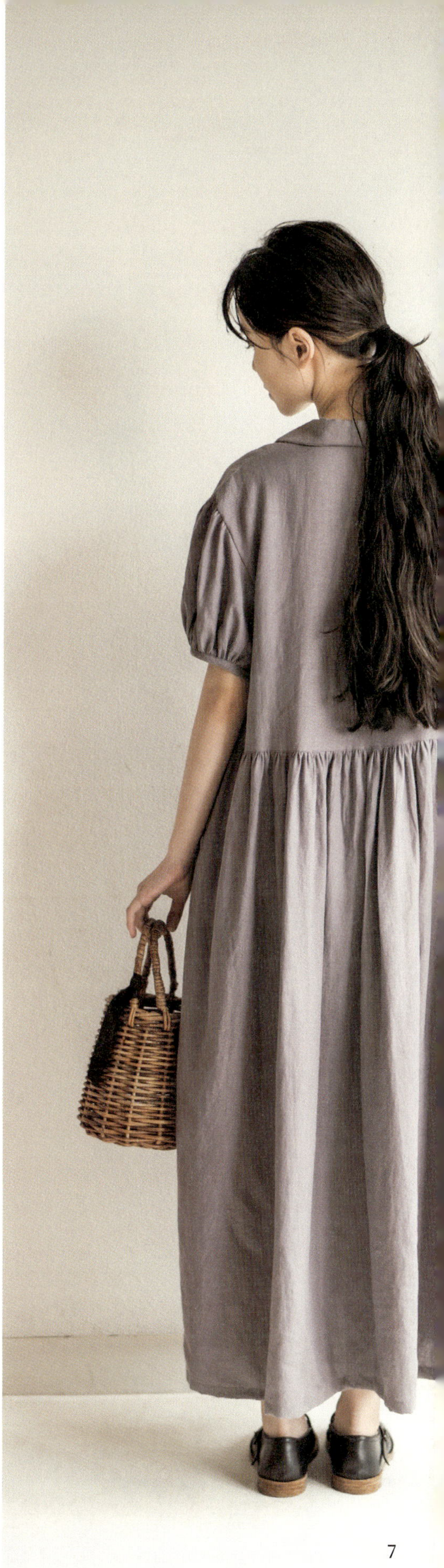

02
sailor 세일러

세일러 칼라 풀오버

귀여움과 성숙함을 두루 갖춘
세일러 칼라 풀오버.
여성스럽게 또는
남성스럽게 입을 수 있는
유니섹스 디자인이다.

how to make ⇒ p.47

03
nautica 노티카

머린 팬츠 *a*

툭 떨어진 라인의 팬츠는
착용감이 좋고, 보기에도 깔끔하다.
뒤에만 고무줄을 넣어서
허리선도 세련된 느낌을 준다.
천을 달리하면 계절에 구애받지 않고
즐길 수 있다.

how to make ⇒ p.50

a

*a*와 *b*는 같은 소재로 색만 다르다.
옆 다트에 개더를 잡아
풍성하면서 실루엣이 우아하다.
다른 색실로 스티치해도 멋스럽다.

b

04
yayi 야이

오리엔탈 드레스

개더를 풍성하게 잡은 둥근 요크에
아시안 매듭의 고리단추가 매력이다.
동양적인 분위기가 물씬 풍기는
클래식한 원피스 드레스.
광택 있는 자카르 원단으로
시크하게 완성했다.

how to make ⇒ p.53

05
talma 탈마

케이프 칼라
슬리브리스 블라우스

큼지막한 케이프 칼라가
신선한 느낌을 주는 블라우스.
어깨를 덮는 디자인이라서
민소매라도 부담 없이 입을 수 있다.
사용하는 천에 따라 케이프의 분위기가
달라지는 것도 매력이다.

how to make ⇒ p.56

06
polar 폴라

멜빵바지

등 고리에 어깨끈을 끼워 입는
앤티크한 스타일의 멜빵바지.
옆 개더나 뒤 벨트 등 요소마다
세심한 디테일을 주었다.
어깨끈의 길이를 자유롭게
조절할 수 있고, 허리를 조이지 않아
착용감도 만점이다.

how to make ⇒ *p.58*

07
pulse 펄스

백 카슈쾨르 드레스

사이드 벨트와 밑단 프릴이 인상적인
백 카슈쾨르 드레스.
새로운 계절을 맞는 설렘을
이 한 벌에 담았다.
리넨으로 만들면 발걸음도 경쾌해진다.
외출이 더 즐거워질 것 같다.

how to make ⇒ p.61

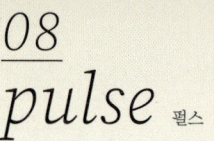

08
pulse 펄스

백 카슈쾨르 원피스

p.14의 백 카슈쾨르 드레스를
캐주얼하게 응용했다.
분위기 있는 자카르 리넨의 질감과
무늬가 은은하게 돋보이는 심플한 디자인이다.
한 벌을 그대로 입거나
에이프런처럼 겹쳐 입어도 멋스럽다.

how to make ⇒ p.63

09
bell 벨

플레어 턱 스커트

나팔꽃을 모티프로 한
플레어 턱 스커트.
하나의 옷본을 10장 잇고,
턱을 작게 잡아 입체적이고
아름다운 실루엣을 연출한다.
얇은 천으로 발랄하게 완성했다.

how to make ⇒ p.64

a

b

a

10
garçon apron

가르송 에이프런

어떤 옷에도 잘 어울리는 에이프런은
만들어두면 두루 요긴하다.
입고 벗기 편하고 만드는 법도 아주 간단하다.
a는 앤티크 화이트 리넨을 사용.
밑단에 턱을 가미하면
시크하고 클래식한 느낌이 된다.

how to make ⇒ p.66,67

b

*b*는 밑단 턱이 없어서
*a*보다 길이가 10cm 길다.
촉감 좋은
스트라이프 리넨을 사용해
산뜻하고 캐주얼한 느낌.

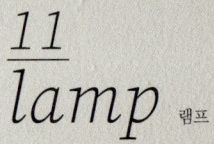

11
lamp 램프

프릴 칼라 블라우스

프릴에 개더, 핀턱….
소녀의 꿈을 담은 사랑스러운 블라우스.
뒤트임에 가지런히 달린
싸개 단추가 단정하고 사랑스럽다.
얇고 매끄러운 천을 사용하면
섬세한 부분까지 쉽게 완성할 수 있다.

how to make ⇒ *p.68*

뒤트임에 나란히 단 단추는
마치 어둠을 비추는 등불 같다.
마음에 항상 작은 등불이 켜 있기를….
그런 바람을 담아 'lamp'라 이름 붙였다.

12
lamp 램프

프릴 칼라 원피스

p.22의 블라우스를 원피스로 변형.
분위기 있는 컬러에
프렌치 퓨어 리넨 소재가
실루엣을 한층 살려준다.
싫증 나지 않는 디자인이라
계절에 상관없이 1년 내내 입을 수 있다.

how to make ⇒ p.68

13
sister apron

시스터 에이프런

좋았던 옛 시절을 떠올리게 하는
가슴받이 달린 에이프런 드레스.
목둘레 형태를 앞뒤 다르게 하고,
왼쪽 어깨와 허리를 단추로 장식했다.
원피스에 겹쳐 입으면
집안일이 한결 즐거워진다.

how to make ⇒ p.74

$\frac{14}{\acute{e}cru}$ 에크뤼

스탠드 칼라 셔츠

앞트임의 고리단추에
드롭 숄더의 벨 슬리브,
뒤 몸판의 개더 등
만드는 과정까지 기분 좋은 한 벌.
싸개 단추와 밑단 바이어스테이프가
자연스러운 악센트이다.

how to make ⇒ p.76

15
balloon 벌룬

벌룬 스커트

허리 주위가 깔끔한
요크 이음의 벌룬 스커트.
뒤에 고무줄을 넣어서 착용감도 뛰어나다.
원숙미가 돋보이는
워싱 가공의 더블 거즈 원단으로
만들어 볼륨이 과하지 않다.

how to make ⇒ p.71

16
talma 탈마

케이프 칼라 긴소매 블라우스

p.12의 블라우스를 긴소매로 응용.
적당한 탄력과 부드러운 촉감이 매력적인
자연 건조 리넨을 사용하고,
칼라에 볼륨을 주었다.
무지든 무늬 있는 천이든
모두 잘 어울리는 깜찍한 디자인이다.

how to make ⇒ p.56

03
nautica 노티카

머린 팬츠 *b*

p.8과 다른 원단을 사용.
코듀로이 원단으로 만들면
코디하는 범위도 넓어진다.
양 옆트임에 단추를 달고,
안단으로 포켓을 만든
유니크한 디자인.

how to make ⇒ p.50

17
Noëlle 노엘

오픈 칼라 긴소매 원피스

크리스마스를 이미지화한 원피스.
p.6을 긴소매로 변형한 디자인이다.
카키 그린의 글렌 체크에
검정 가는 골 코듀로이를 조합해
색다른 분위기를 즐긴다.

how to make ⇒ p.44

18
earmuff

이어머프

이야기의 세계로 데려다줄 것만 같은
퍼 소재의 이어머프.
겨울철 멋 내기용으로 추천하는 아이템이다.
촉감 좋은 프린트 원단을 안감으로 대주면
방한용품으로 최고의 활약을 한다.

how to make ⇒ p.80

19
poncho 판초

후드 판초

커다란 후드가 매력적인 판초는
겨울철 멋 내기에 없어서는 안 될 필수 아이템.
가볍고 촉감도 부드러운 멜턴 플리스 소재라
손쉽게 만들 수 있다.
몸에 걸쳤을 때 전체적으로 빙 두른 파이핑이
아름다운 드레이프를 그린다.

how to make ⇒ p.78

20
robe 로브

로브 코트

심플한 디자인이라
살짝 걸치기만 해도
분위기가 제대로 산다.
시접이 안으로 감춰지는 반전 포인트가 있어
초보자도 깔끔하게 만들 수 있다.

how to make ⇒ *p.81*

앞 몸판을 뒤 중심에서 잇는
유니크한 디자인.
뉘앙스 있는
리넨 헤링본으로 만들면
세련된 인상을 준다.

21
chester 체스터

체스터 코트 *a*

p.40의 기본형을 응용해
단추 대신
같은 천의 벨트를 달았다.
천만 바꿔도
표정이 확 달라져서
포멀한 룩에도 잘 어울린다.

how to make ⇒ p.87

22
chester 체스터

체스터 코트 *b*

영국 스타일의
트래디셔널한 코트를
캐주얼한 분위기로 완성했다.
다른 소재의 칼라가 은은한 악센트가 된다.
좌우 어느 쪽을 위로 해도
단추를 잠글 수 있는
유니섹스한 디자인이다.

how to make ⇒ p.84

만드는 법 표기에 대하여

· 만드는 법 설명 중 특별히 지정하지 않은 숫자의 단위는 cm이다.

· 이 책의 실물 대형 옷본에는 시접을 포함하지 않았다. p.42를 참조해 시접을 넣은 실물 대형 옷본을 만들자. 실물 대형 옷본에 없는 파트는 재단 배치도에 시접을 포함한 치수를 기재했다. 천에 바로 선을 그려서 재단한다(직선 재단).

· 재료는 어디까지나 표준이다. 사용하는 천의 폭이나 무늬 맞춤 유무에 따라서 치수가 달라지니 주의하자.

· 재료에 표기한 고무줄은 표준 치수이다. 자신의 체형에 맞춰서 조절한다.

· 재단 배치도는 M 사이즈 옷본에 맞춰서 배치한 경우이다. 사이즈나 천 폭에 따라 달라질 수 있기 때문에, 모든 파트가 들어갔는지 확인한 뒤 천을 재단한다.

· 천 끝의 마무리는 '오버로크 하기'라고 기재된 부분은 '지그재그 박기'로, '감침 오버로크'는 두 번 접어 마무리해도 OK. '숨겨박기'는 천을 이을 때 넣는 재봉 스티치의 한 방법이다.

사이즈 표기에 대하여

· 이 책은 작품을 각각 S·M·L·LL 4개 사이즈로 소개했다. 아래 기준 사이즈 표와 각 작품의 완성 치수를 기준으로 자신의 체형에 맞는 사이즈를 선택한다.

· 각 작품의 완성 치수는 만드는 법 페이지에 왼쪽 또는 위부터 S/ M/ L/ LL의 순으로 표기했다.

· 옷 길이는 뒤 중심부터 밑단까지, 팬츠 길이는 허리 벨트를 포함한 옆 길이를 기재했다. 옷 길이는 취향대로 조절한다.

기준 사이즈 표

	S	M	L	LL
키		~158~		
가슴둘레	79	83	88	93
허리둘레	63	67	72	77
엉덩이둘레	87	91	96	101

단위 : cm

· 기준 사이즈는 누드 치수이다. 모델은 키가 162cm이고 M 사이즈를 착용했다.

옷을 만들기 전에

Step 1
실물 대형 옷본을 베끼고 시접 넣은 옷본을 만든다

이 책의 실물 대형 옷본에는 시접을 포함하지 않았다. 옷본을 패턴지 등 비치는 종이에 베끼고, 만드는 법 페이지의 '재단 배치도'에 쓰인 시접 치수를 참조해 시접 넣은 옷본을 만든다. 식서 방향선이나 맞춤 표시를 모두 베끼고 파트 이름도 써둔다.

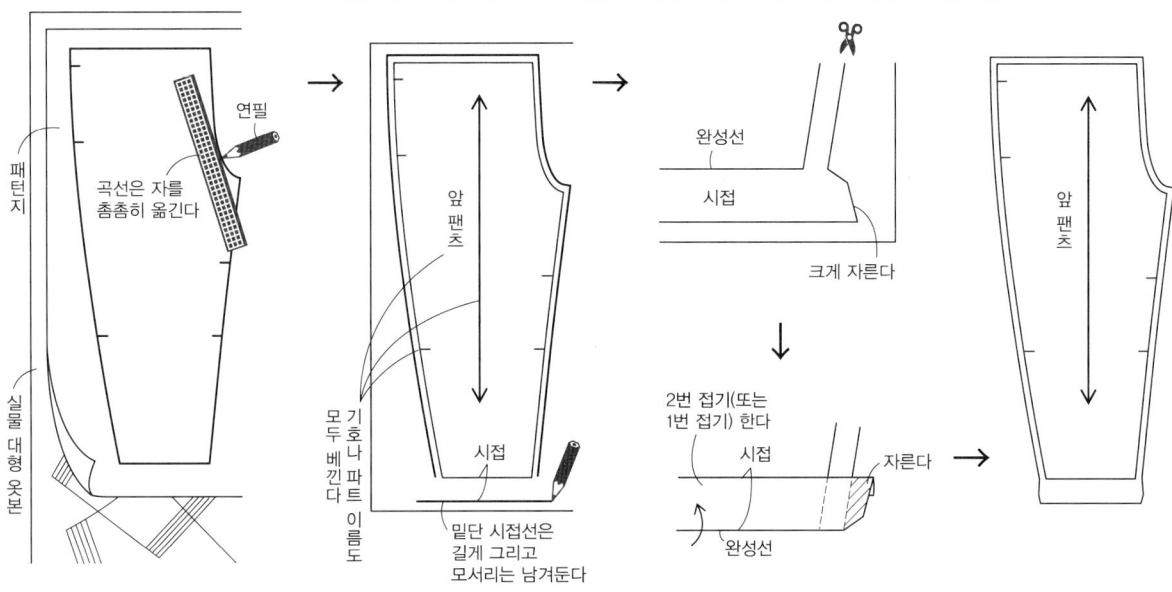

Step 2
물 담그기와 다림질을 한다

면이나 마(리넨) 등 세탁 후 줄어드는 천은 미리 물 담그기를 해놓는다. 하룻밤 물에 담가서 가볍게 탈수하고 모양을 정돈한다. 그늘에서 말린 뒤 천의 올을 수직 방향으로 정돈해 다림질한다.

천 올에 대하여

천의 양 끝을 '귀'라고 한다. 귀에 평행인 방향이 '세로 올', 수직인 방향이 '가로 올'이다. 옷본이나 재단 배치도의 화살표는 '식서 방향선'이라고 하고 기본적으로 '세로 올'에 맞춘다.

Step 3
천을 재단한다

시접 넣은 옷본을 천의 겉쪽에 놓고 옷본의 식서 방향선과 천의 세로 올을 맞추고, 시침핀으로 고정한 후 재단한다. 옷본에 '골선' 기호가 있는 선은 오른쪽 그림처럼 천의 접음선에 맞춘다.

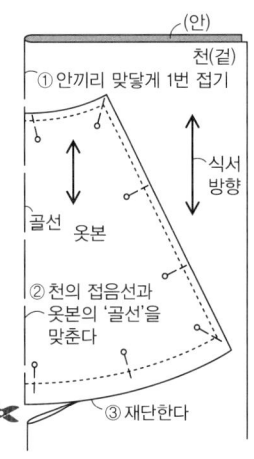

Step 4
옷본을 떼기 전에 표시를 한다

천을 재단할 때, 옷본을 떼기 전에 맞춤 표시와 앞·뒤 중심, 밑단 모서리 등 시접 부분에 가위로 노치(0.3cm 정도 가위집)를 넣는다.

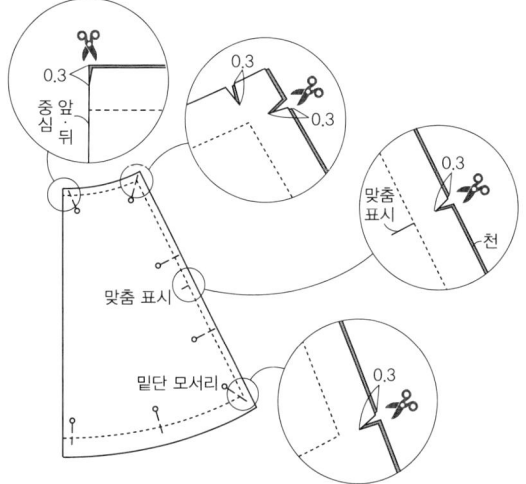

Step 5
재봉 준비

박을 때는 재봉틀의 바늘판 눈금을 이용해 천 끝을 맞춰서 박으면 완성선을 그리지 않아도 일정 간격으로 깔끔하게 박을 수 있다. 바늘판에 눈금이 없거나 알아보기 힘든 경우는 바늘에서부터 거리를 자로 재고 테이프로 표시를 한다.

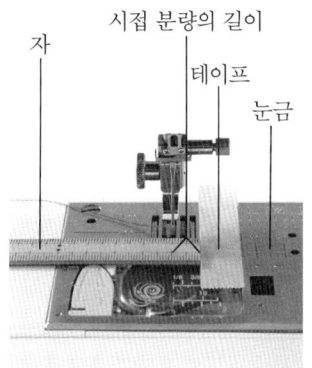

자
시접 분량의 길이
테이프
눈금

표를 참조해 천에 적합한 재봉실과 재봉 바늘을 사용한다. 재봉실은 호수가 커질수록 가늘고, 재봉 바늘은 호수가 커질수록 굵다.

바늘과 실 고르는 법

천 종류	재봉실	재봉 바늘
얇은 천(론, 보일)	90호	7·9호
보통 천(리넨, 브로드)	60호	9·11호
두꺼운 천(울, 코듀로이)	30호	11·14호

턱 접는 법

사선이 높은 쪽에서 낮은 쪽으로 접고, 표시끼리 맞춰 주름을 만든다. 아래 그림은 A 선 위에 A′ 선을 겹친다.

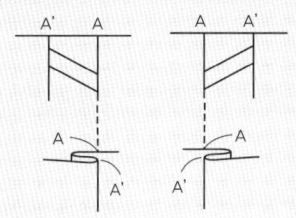

단춧구멍 치수에 대하여

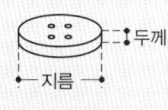

두께
지름

★ = 단추 지름 + 단추 두께
(0.2cm 정도)

단춧구멍의 안지름을 ★cm로 설정한다

고리 만드는 법

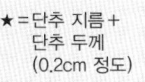

(겉)
고리(안)
골선
0.4★
0.3

① 겉끼리 맞닿게 접어서 박는다
② 시접을 자른다
★ = 만들고 싶은 고리 폭
③ 한쪽을 꿰매 고정하고 바늘구멍 쪽에서 안으로 집어넣는다
④ 바늘을 빼내 겉으로 뒤집는다

다트 박는 법

몸의 라인에 붙도록 입체적으로 완성하고 싶을 때 천을 뾰족한 모양으로 접은 부분. V자로 표현하고 2개의 선을 겹쳐서 박는다. p.47의 작품은 한쪽에 개더를 넣은 디자인이이라서 가위집을 넣었다.

(안)

① 다트 표시를 베낀다
② 천을 겉끼리 맞닿게 접고, 다트 선끼리 맞춰 시침핀으로 고정한다

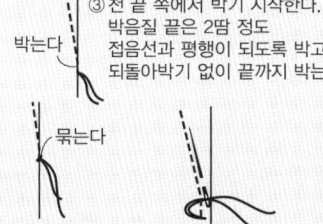

박는다
묶는다

③ 천 끝 쪽에서 박기 시작한다. 박음질 끝은 2땀 정도 접음선과 평행이 되도록 박고 되돌아박기 없이 끝까지 박는다

④ 실 끝을 길게 남기고 접음선의 가장자리에서 묶는다
⑤ ④의 실을 바늘에 꿰어 1땀 꿰매서 천 안으로 넣고 실을 자른다

개더 잡는 법

시접 안쪽에 2줄 평행으로 성긴 바늘땀(0.4cm 정도)의 개더 박음질을 한다. 박음질 시작과 끝의 실은 길게 남겨놓는다.

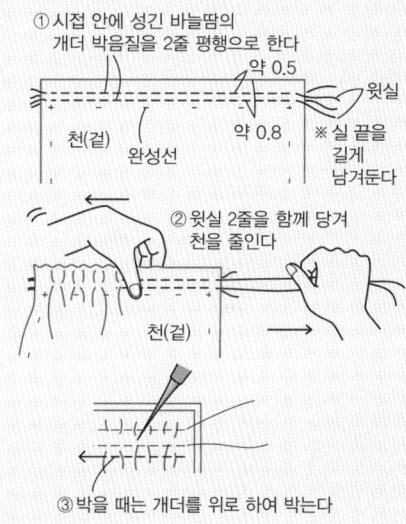

① 시접 안에 성긴 바늘땀의 개더 박음질을 2줄 평행으로 한다

약 0.5
윗실
천(겉)
약 0.8
완성선
※ 실 끝을 길게 남겨둔다

② 윗실 2줄을 함께 당겨 천을 줄인다
천(겉)

③ 박을 때는 개더를 위로 하여 박는다

숨김 지퍼 다는 법

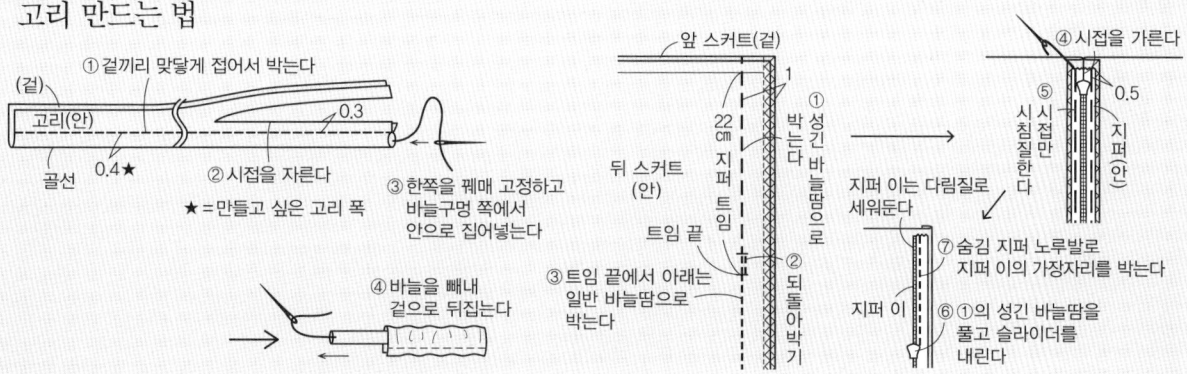

앞 스커트(겉)
뒤 스커트(안)
22cm 지퍼 트임
트임 끝
지퍼 이
① 박는다 성긴 바늘땀으로
② 되돌아박기
③ 트임 끝에서 아래는 일반 바늘땀으로 박는다

④ 시접을 가른다
⑤ 0.5 시시접침질만 한다 지퍼(안)
지퍼 이는 다림질로 세워둔다
⑦ 숨김 지퍼 노루발로 지퍼 이의 가장자리를 박는다
⑥ ①의 성긴 바늘땀을 풀고 슬라이더를 내린다

43

01 *Iale* 라레 오픈 칼라 반소매 원피스 *photo ⇒ p.6*

17 *Noëlle* 노엘 오픈 칼라 긴소매 원피스 *photo ⇒ p.32*

실물 대형 옷본 ⇒ *B* 면

소맷부리 바이어스 천, 스커트는
재단 배치도 치수로 자른다

재료 ※왼쪽부터 S/M/L/LL 사이즈

⟨01⟩ 프렌치 퓨어 리넨 천 무지 워싱 가공 퓨어 컬러(드라이 라벤더)
　　…110cm 폭×330/350/360/360cm
　　25번 자수 실(라벤더)

⟨17⟩ 글렌 체크 리넨(카키 그린)
　　…120cm 폭×360/370/370/370cm
　　가는 골 코듀로이(블랙)…40×15cm ※모든 사이즈 공통
　　25번 자수 실(검정)

완성 치수

가슴둘레…102/106/111/116cm
옷 길이…126.5cm(공통)
소매길이⟨01⟩…21.5cm(공통)
소매길이⟨17⟩…53cm(공통)

재단 배치도
＊지정된 시접 이외는 1cm 넣는다

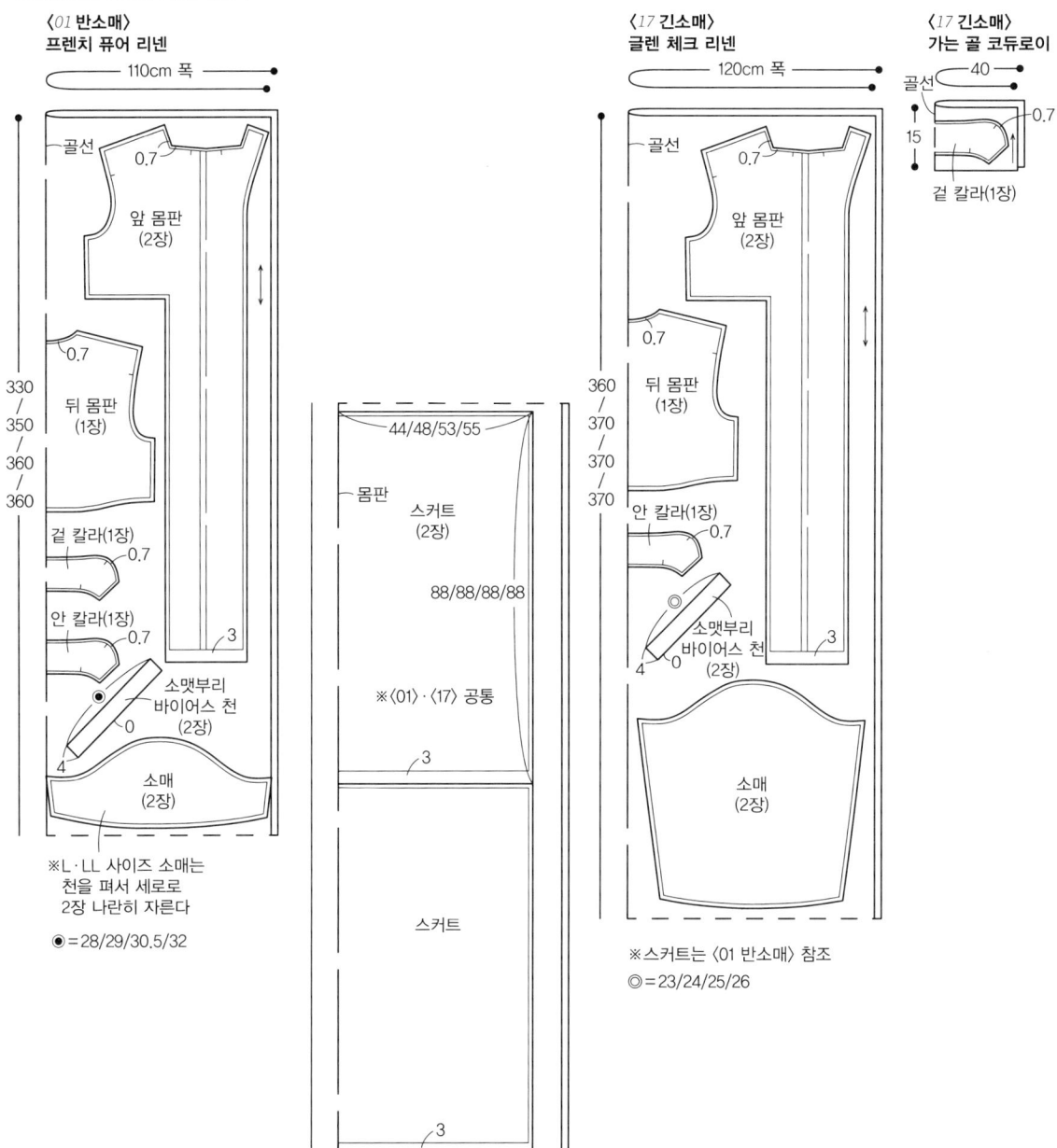

⟨01 반소매⟩
프렌치 퓨어 리넨

⟨17 긴소매⟩
글렌 체크 리넨

⟨17 긴소매⟩
가는 골 코듀로이

※L·LL 사이즈 소매는
천을 펴서 세로로
2장 나란히 자른다
◉=28/29/30.5/32

※스커트는 ⟨01 반소매⟩ 참조
◎=23/24/25/26

44

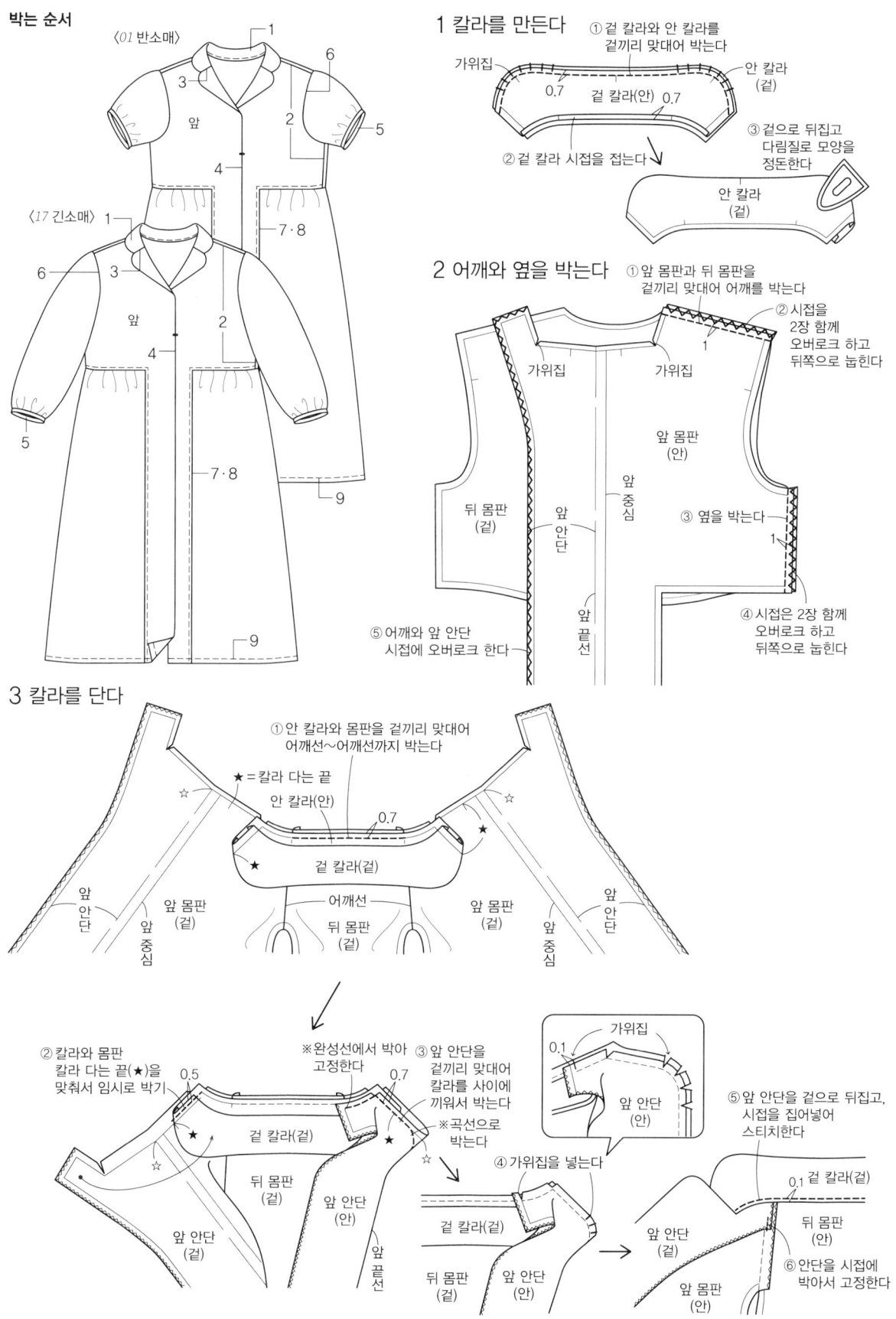

박는 순서

〈01 반소매〉

1
6
3
2
5
앞
4
7·8

〈17 긴소매〉
1
6
3
2
5
앞
4
7·8
9
9

1 칼라를 만든다

① 겉 칼라와 안 칼라를
겉끼리 맞대어 박는다

가위집
안 칼라
(겉)
0.7
겉 칼라(안)
0.7

② 겉 칼라 시접을 접는다

③ 겉으로 뒤집고
다림질로 모양을
정돈한다

안 칼라
(겉)

2 어깨와 옆을 박는다

① 앞 몸판과 뒤 몸판을
겉끼리 맞대어 어깨를 박는다

② 시접을
2장 함께
오버로크 하고
뒤쪽으로 눕힌다

1

가위집
가위집

앞 몸판
(안)

뒤 몸판
(겉)

앞
안
단

앞
중
심

③ 옆을 박는다

1

⑤ 어깨와 앞 안단
시접에 오버로크 한다

앞
끝
선

④ 시접은 2장 함께
오버로크 하고
뒤쪽으로 눕힌다

3 칼라를 단다

① 안 칼라와 몸판을 겉끼리 맞대어
어깨선~어깨선까지 박는다

★ = 칼라 다는 끝
안 칼라(안)
0.7

☆
☆
★
★

겉 칼라(겉)

앞
안
단

앞 몸판
(겉)

앞
중
심

어깨선
뒤 몸판
(겉)

앞 몸판
(겉)

앞
안
단

② 칼라와 몸판
칼라 다는 끝(★)을
맞춰서 임시로 박기

0.5
0.7
★
★
☆
★
☆

겉 칼라(겉)

뒤 몸판
(겉)

앞 안단
(안)

앞 안단
(겉)

앞
끝
선

※완성선에서 박아
고정한다

③ 앞 안단을
겉끼리 맞대어
칼라를 사이에
끼워서 박는다

※곡선으로
박는다

④ 가위집을 넣는다

겉 칼라(겉)

뒤 몸판
(겉)

앞 안단
(안)

가위집
0.1

앞 안단
(안)

⑤ 앞 안단을 겉으로 뒤집고,
시접을 집어넣어
스티치한다

0.1
겉 칼라(겉)

뒤 몸판
(안)

앞 안단
(겉)

앞 몸판
(안)

⑥ 안단을 시접에
박아서 고정한다

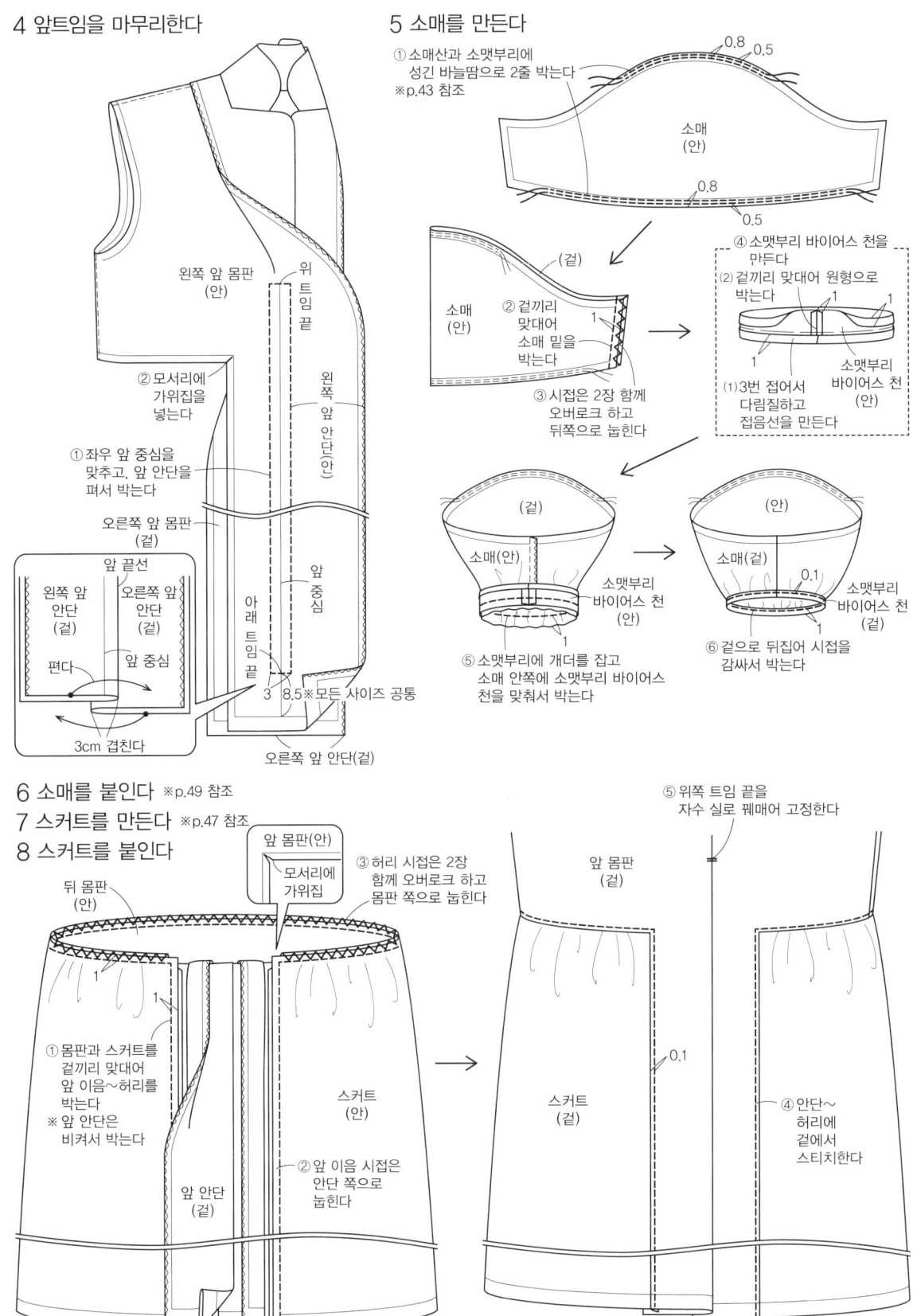

4 앞트임을 마무리한다

왼쪽 앞 몸판 (안)

위 트임 끝

② 모서리에 가위집을 넣는다

왼쪽 앞 안단(안)

① 좌우 앞 중심을 맞추고, 앞 안단을 펴서 박는다

오른쪽 앞 몸판 (겉)

앞 중심

앞 끝선

왼쪽 앞 안단 (겉)

오른쪽 앞 안단 (겉)

편다

앞 중심

아래 트임 끝

3 8.5 ※모든 사이즈 공통

3cm 겹친다

오른쪽 앞 안단(겉)

5 소매를 만든다

① 소매산과 소맷부리에 성긴 바늘땀으로 2줄 박는다
※p.43 참조

0.8 0.5

소매 (안)

0.8
0.5

(겉)

소매 (안)

② 겉끼리 맞대어 소매 밑을 박는다

1

③ 시접은 2장 함께 오버로크 하고 뒤쪽으로 눕힌다

④ 소맷부리 바이어스 천을 만든다
(2) 겉끼리 맞대어 원형으로 박는다

1 1

(1) 3번 접어서 다림질하고 접음선을 만든다

소맷부리 바이어스 천 (안)

(겉)

소매(안)

소맷부리 바이어스 천 (안)

1

⑤ 소맷부리에 개더를 잡고 소매 안쪽에 소맷부리 바이어스 천을 맞춰서 박는다

(안)

소매(겉)

0.1

소맷부리 바이어스 천 (겉)

⑥ 겉으로 뒤집어 시접을 감싸서 박는다

6 소매를 붙인다 ※p.49 참조
7 스커트를 만든다 ※p.47 참조
8 스커트를 붙인다

앞 몸판(안)

모서리에 가위집

③ 허리 시접은 2장 함께 오버로크 하고 몸판 쪽으로 눕힌다

뒤 몸판 (안)

1

1

① 몸판과 스커트를 겉끼리 맞대어 앞 이음~허리를 박는다
※ 앞 안단은 비켜서 박는다

스커트 (안)

② 앞 이음 시접은 안단 쪽으로 눕힌다

앞 안단 (겉)

⑤ 위쪽 트임 끝을 자수 실로 꿰매어 고정한다

앞 몸판 (겉)

0.1

스커트 (겉)

④ 안단~ 허리에 겉에서 스티치한다

9 밑단을 박는다 ※p.47 참조

실물 대형 옷본 ⇒ A면

02 sailor 세일러 세일러 칼라 풀오버 *photo ⇒ p.8-9*

끈은 재단 배치도 치수로 자른다

재료 ※왼쪽부터 S/M/L/LL 사이즈
⟨a⟩ 와이드 폭 벨기에 리넨 1/40번수(오프화이트)
　　…140cm 폭×160/160/170/180cm
　　접착심지…40×70cm
⟨b⟩ 와이드 폭 벨기에 리넨(차콜 그레이)
　　…140cm 폭×160/160/170/180cm
　　접착심지…40×70cm

완성 치수(a·b 공통)
가슴둘레…94/98/103/108cm
옷 길이…61cm(공통)
소매길이…54cm(공통)

재단 배치도
＊지정된 시접 이외는 1cm 넣는다
＊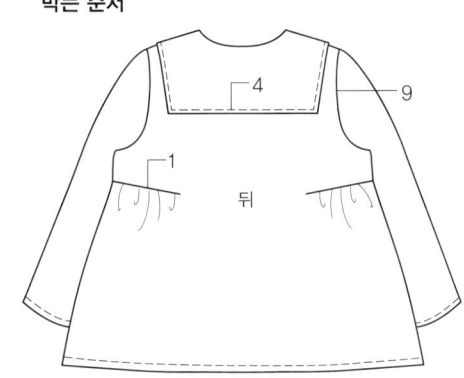는 접착심지를 붙인다

⟨a⟩ 벨기에 리넨(오프화이트)
⟨b⟩ 벨기에 리넨(차콜 그레이)

박는 순서

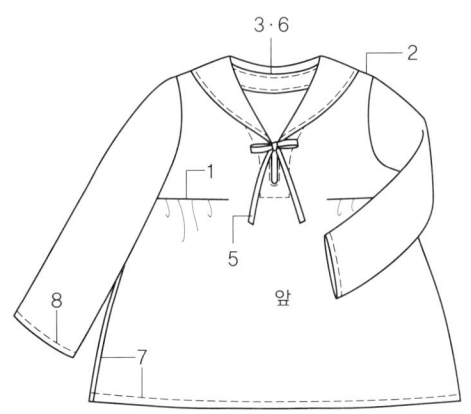

<p.46 계속>

7 스커트를 만든다

①2장을 겉끼리 맞대어 뒤 중심을 박는다
오른쪽(겉)
③허리 쪽에 성긴 바늘땀으로 2줄 박고 개더를 잡는다
왼쪽(안)
②2장 함께 오버로크 하고 왼쪽으로 눕힌다

9 밑단을 박는다

오른쪽 안단(겉)
몸판(안)
0.1
1.5cm 접는다
1.5cm 접는다
밑단을 2번 접어서 박는다

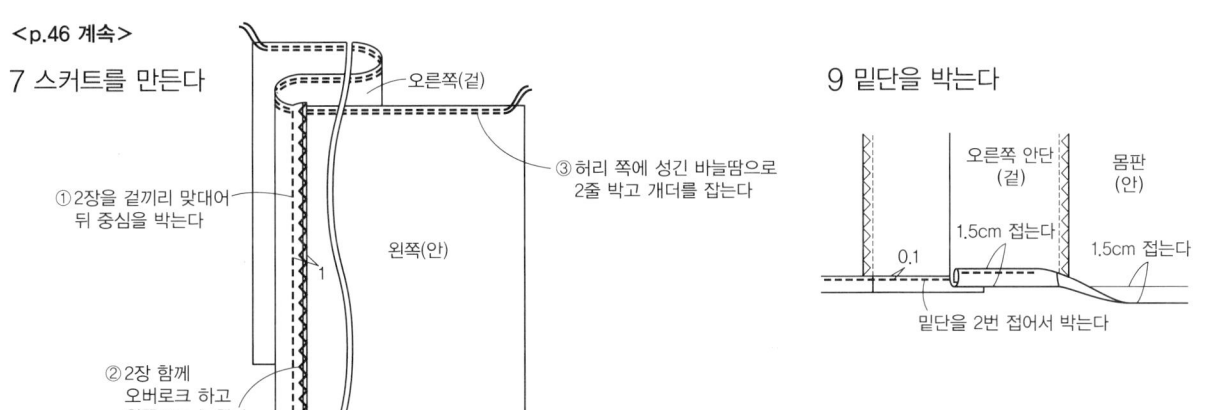

1 다트를 박는다

앞 몸판
(안)

0.5　0.8

① 다트 아래쪽에
성긴 바늘땀으로 2줄 박고,
개더를 잡는다
※ p.43 참조

② 다트 위아래를
겉끼리
맞대어 박는다

③ 시접은
2장 함께
오버로크 하고
위쪽으로 눕힌다

※ 뒤 몸판도
같은 방법으로
박는다

박음질 끝은 2~3땀 평행으로
박고 다트 끝에서 묶는다

평행

앞 몸판
(안)

(겉)

2 어깨를 박는다

② 시접은 2장 함께
오버로크 하고
뒤쪽으로 눕힌다

뒤 몸판
(겉)

앞 몸판
(안)

1

① 앞 몸판과
뒤 몸판을
겉끼리
맞대어
어깨를
박는다

트임끝

③ 앞 중심에
가위집을
넣는다

3 안단을 만든다

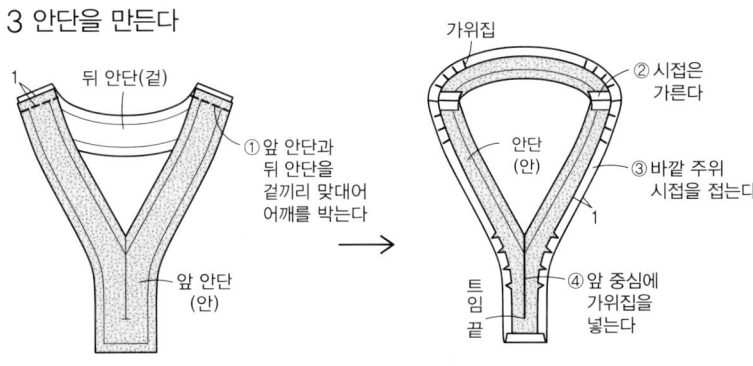

뒤 안단(겉)

1

① 앞 안단과
뒤 안단을
겉끼리 맞대어
어깨를 박는다

앞 안단
(안)

가위집

② 시접은
가른다

안단
(안)

1

③ 바깥 주위
시접을 접는다

트임끝

④ 앞 중심에
가위집을
넣는다

4 칼라를 만든다

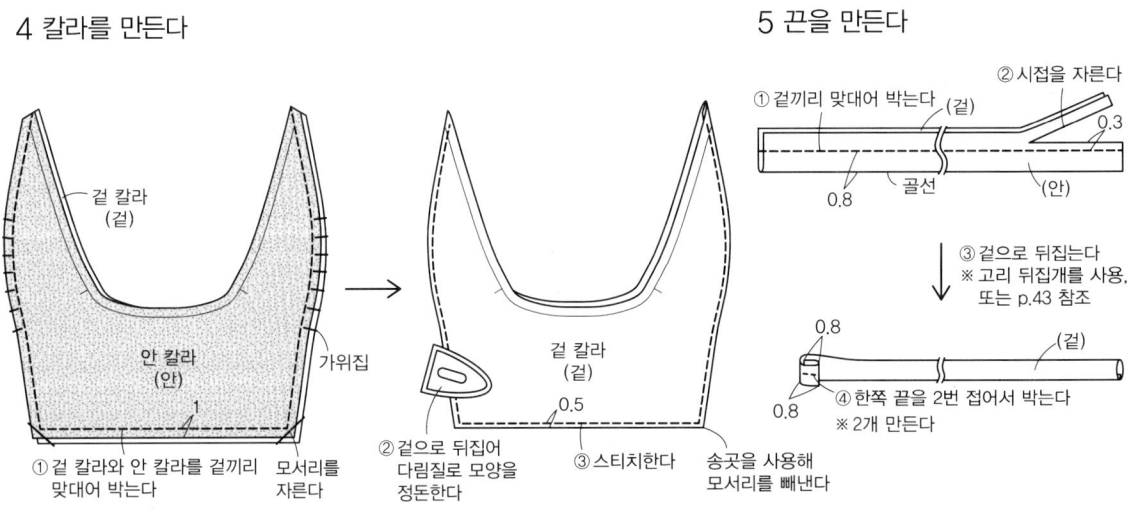

겉 칼라
(겉)

안 칼라
(안)

가위집

1

① 겉 칼라와 안 칼라를 겉끼리
맞대어 박는다

모서리를
자른다

② 겉으로 뒤집어
다림질로 모양을
정돈한다

겉 칼라
(겉)

0.5

③ 스티치한다

송곳을 사용해
모서리를 빼낸다

5 끈을 만든다

① 겉끼리 맞대어 박는다

② 시접을 자른다

(겉)

0.3

0.8　　골선　　(안)

③ 겉으로 뒤집는다
※ 고리 뒤집개를 사용,
또는 p.43 참조

0.8

0.8

(겉)

④ 한쪽 끝을 2번 접어서 박는다
※ 2개 만든다

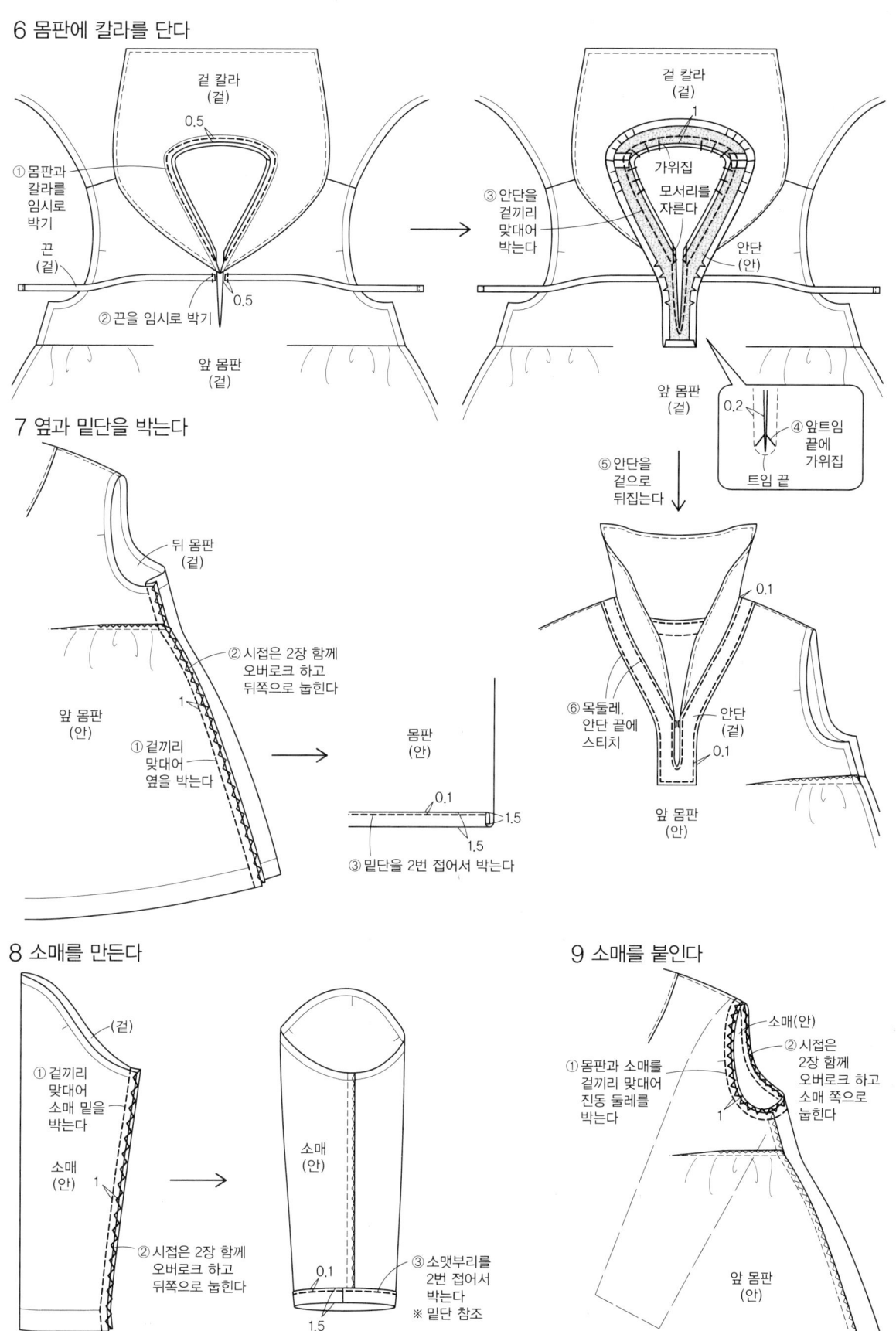

6 몸판에 칼라를 단다

겉 칼라
(겉)

0.5

① 몸판과 칼라를 임시로 박기

끈
(겉)

② 끈을 임시로 박기

0.5

앞 몸판
(겉)

겉 칼라
(겉)

1

③ 안단을 겉끼리 맞대어 박는다

가위집 모서리를 자른다

안단
(안)

앞 몸판
(겉)

0.2

④ 앞트임 끝에 가위집

트임 끝

⑤ 안단을 겉으로 뒤집는다

0.1

⑥ 목둘레, 안단 끝에 스티치

안단
(겉)

0.1

앞 몸판
(안)

7 옆과 밑단을 박는다

뒤 몸판
(겉)

② 시접은 2장 함께 오버로크 하고 뒤쪽으로 눕힌다

앞 몸판
(안)

1

① 겉끼리 맞대어 옆을 박는다

몸판
(안)

0.1

1.5

1.5

③ 밑단을 2번 접어서 박는다

8 소매를 만든다

(겉)

① 겉끼리 맞대어 소매 밑을 박는다

소매
(안)

1

② 시접은 2장 함께 오버로크 하고 뒤쪽으로 눕힌다

소매
(안)

0.1

1.5

③ 소맷부리를 2번 접어서 박는다
※ 밑단 참조

9 소매를 붙인다

소매(안)

① 몸판과 소매를 겉끼리 맞대어 진동 둘레를 박는다

② 시접은 2장 함께 오버로크 하고 소매 쪽으로 눕힌다

1

앞 몸판
(안)

03 *nautica* 노티카 머린 팬츠 *photo ⇒ a p.8, b p.31* 실물 대형 옷본 ⇒ *A*면

재료 ※왼쪽부터 S/M/L/LL 사이즈

⟨a⟩ fanage(자연 건조) 라미 리넨 25번수 RL2500
(OW 오프화이트)
…108cm 폭×300/300/310/310cm
접착심지…50×30cm
지름 2.4cm 단추…8개
4cm 폭 평직 고무줄…28/32/37/42cm

⟨b⟩ 8W 코듀로이(라이트 그레이 2)
…143cm 폭×250/250/260/260cm
리넨(베이지)…110cm 폭×50cm
접착심지…50×30cm
지름 2.4cm 단추…8개
4cm 평직 고무줄…28/32/37/42cm

완성 치수(a·b 공통)
허리둘레(고무줄 없이)…80.5/84.5/89.5/94.6cm
팬츠 길이…91/93/95/97cm

재단 배치도
＊지정된 시접 이외는 1cm 넣는다
＊▨는 접착심지를 붙인다

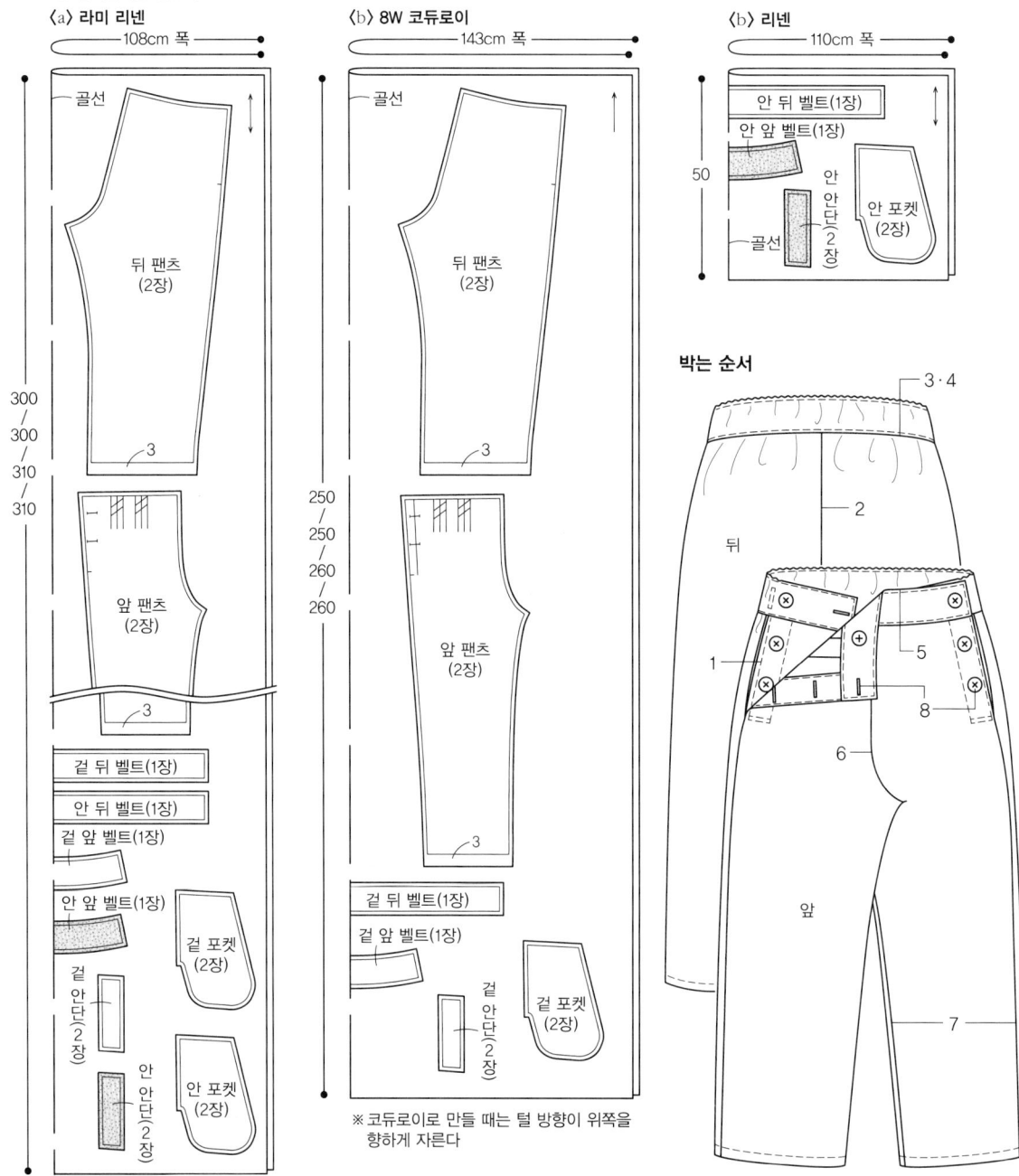

⟨a⟩ 라미 리넨
— 108cm 폭 —
골선
뒤 팬츠 (2장)
3
앞 팬츠 (2장)
3
3
겉 뒤 벨트(1장)
안 뒤 벨트(1장)
겉 앞 벨트(1장)
안 앞 벨트(1장)
겉 포켓 (2장)
겉 안단 (2장)
안 안단 (2장)
안 포켓 (2장)
300/300/310/310

⟨b⟩ 8W 코듀로이
— 143cm 폭 —
골선
뒤 팬츠 (2장)
3
앞 팬츠 (2장)
3
3
겉 뒤 벨트(1장)
겉 앞 벨트(1장)
겉 안단 (2장)
겉 포켓 (2장)
250/250/260/260
※코듀로이로 만들 때는 털 방향이 위쪽을 향하게 자른다

⟨b⟩ 리넨
— 110cm 폭 —
안 뒤 벨트(1장)
안 앞 벨트(1장)
안 안단 (2장)
골선
안 포켓 (2장)
50

박는 순서
3·4
뒤
2
1
5
8
6
7
앞

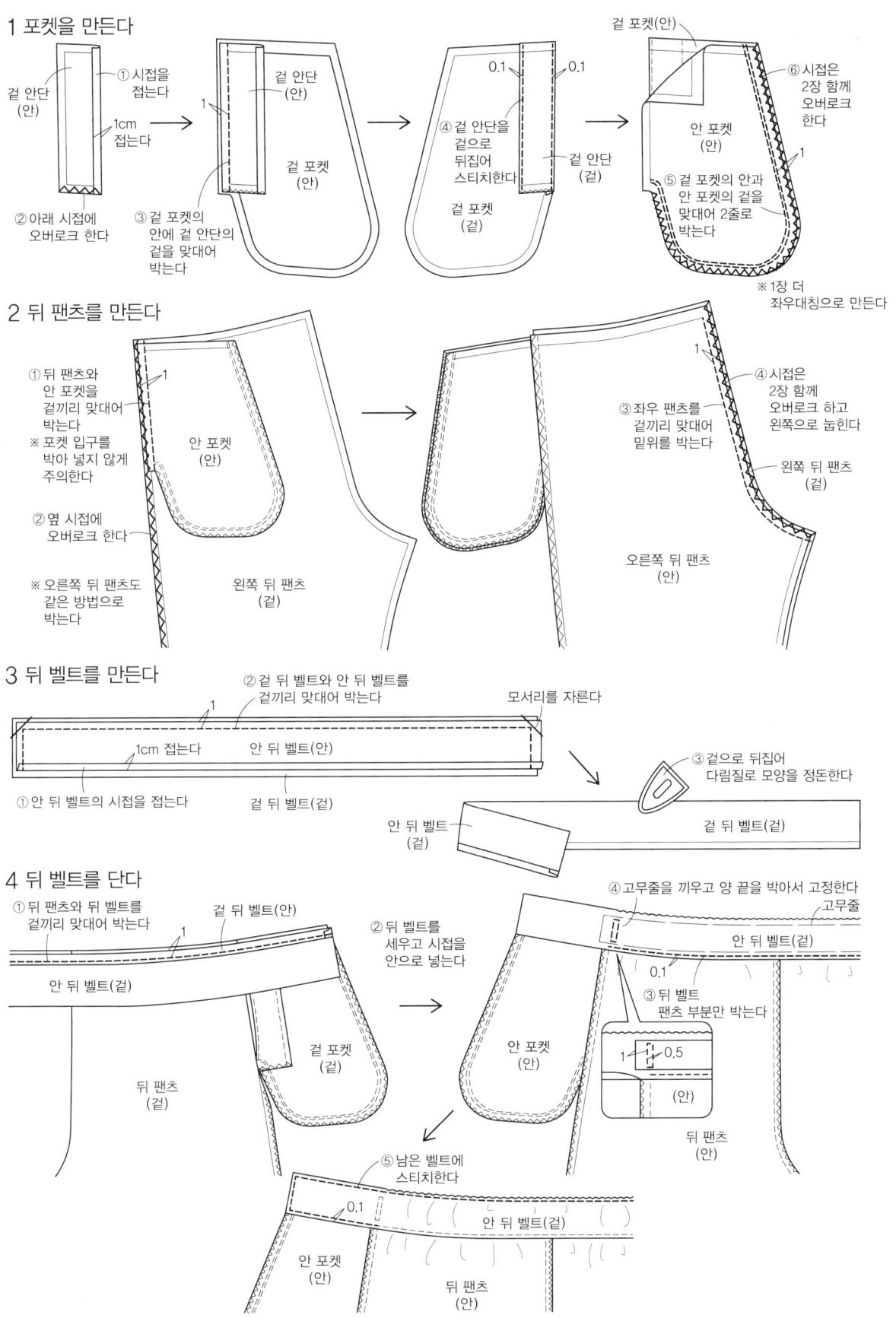

1 포켓을 만든다

겉 안단 (안)
① 시접을 접는다
1cm 접는다
② 아래 시접에 오버로크 한다

1
겉 안단 (안)
겉 포켓 (안)
③ 겉 포켓의 안에 겉 안단의 겉을 맞대어 박는다

0.1   0.1
④ 겉 안단을 겉으로 뒤집어 스티치한다
겉 안단 (겉)
겉 포켓 (겉)

겉 포켓(안)
⑥ 시접은 2장 함께 오버로크 한다
안 포켓 (안)
1
⑤ 겉 포켓의 안과 안 포켓의 겉을 맞대어 2줄로 박는다
※1장 더 좌우대칭으로 만든다

2 뒤 팬츠를 만든다

① 뒤 팬츠와 안 포켓을 겉끼리 맞대어 박는다
※ 포켓 입구를 박아 넣지 않게 주의한다
② 옆 시접에 오버로크 한다
※ 오른쪽 뒤 팬츠도 같은 방법으로 박는다

1
안 포켓 (안)
왼쪽 뒤 팬츠 (겉)

1
③ 좌우 팬츠를 겉끼리 맞대어 밑위를 박는다
④ 시접은 2장 함께 오버로크 하고 왼쪽으로 눕힌다
왼쪽 뒤 팬츠 (겉)
오른쪽 뒤 팬츠 (안)

3 뒤 벨트를 만든다

1
② 겉 뒤 벨트와 안 뒤 벨트를 겉끼리 맞대어 박는다
모서리를 자른다
1cm 접는다   안 뒤 벨트(안)
① 안 뒤 벨트의 시접을 접는다
겉 뒤 벨트 (겉)

③ 겉으로 뒤집어 다림질로 모양을 정돈한다
안 뒤 벨트 (겉)
겉 뒤 벨트(겉)

4 뒤 벨트를 단다

① 뒤 팬츠와 뒤 벨트를 겉끼리 맞대어 박는다
겉 뒤 벨트(안)
1
안 뒤 벨트(겉)
겉 포켓 (겉)
뒤 팬츠 (겉)

② 뒤 벨트를 세우고 시접을 안으로 넣는다
안 포켓 (안)

④ 고무줄을 끼우고 양 끝을 박아서 고정한다
고무줄
안 뒤 벨트(겉)
0.1
③ 뒤 벨트 팬츠 부분만 박는다
1   0.5
(안)
뒤 팬츠 (안)

⑤ 남은 벨트에 스티치한다
0.1   안 뒤 벨트(겉)
안 포켓 (안)
뒤 팬츠 (안)

5 앞 벨트를 만든다

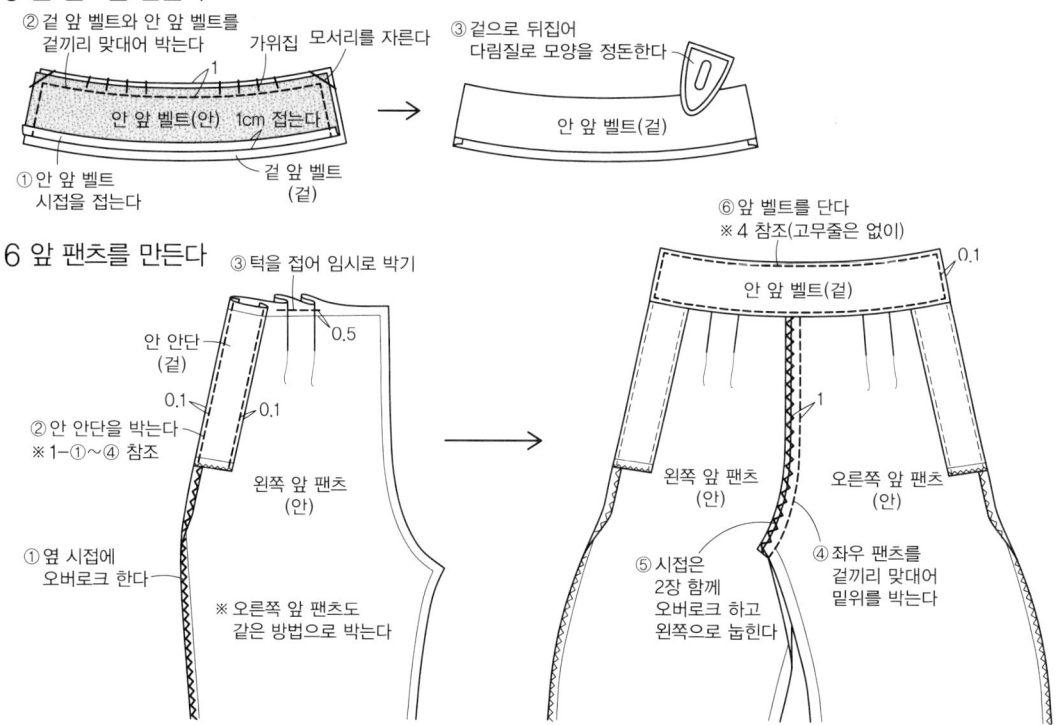

② 겉 앞 벨트와 안 앞 벨트를
겉끼리 맞대어 박는다

가위집 모서리를 자른다

③ 겉으로 뒤집어
다림질로 모양을 정돈한다

안 앞 벨트(안) 1cm 접는다

① 안 앞 벨트
시접을 접는다

겉 앞 벨트
(겉)

안 앞 벨트(겉)

6 앞 팬츠를 만든다

③ 턱을 접어 임시로 박기

0.5

안 안단
(겉)

0.1

0.1

0.1

② 안 안단을 박는다
※1-①~④ 참조

왼쪽 앞 팬츠
(안)

① 옆 시접에
오버로크 한다

※ 오른쪽 앞 팬츠도
같은 방법으로 박는다

⑥ 앞 벨트를 단다
※ 4 참조(고무줄은 없이)

0.1

안 앞 벨트(겉)

1

왼쪽 앞 팬츠
(안)

오른쪽 앞 팬츠
(안)

⑤ 시접은
2장 함께
오버로크 하고
왼쪽으로 눕힌다

④ 좌우 팬츠를
겉끼리 맞대어
밑위를 박는다

7 앞 팬츠와 뒤 팬츠를 맞춰서 박는다

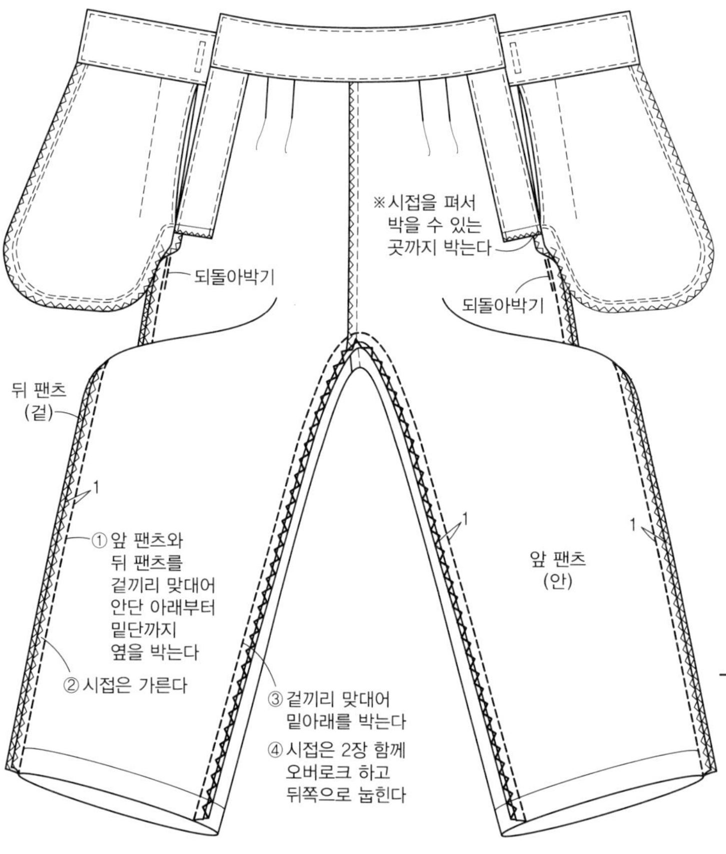

되돌아박기

되돌아박기

※시접을 펴서
박을 수 있는
곳까지 박는다

뒤 팬츠
(겉)

1

① 앞 팬츠와
뒤 팬츠를
겉끼리 맞대어
안단 아래부터
밑단까지
옆을 박는다

② 시접은 가른다

1

1

앞 팬츠
(안)

③ 겉끼리 맞대어
밑아래를 박는다

④ 시접은 2장 함께
오버로크 하고
뒤쪽으로 눕힌다

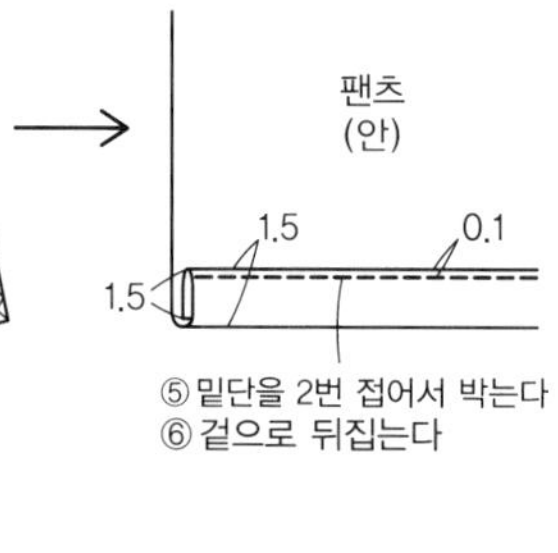

8 단춧구멍을 만들고, 단추를 단다

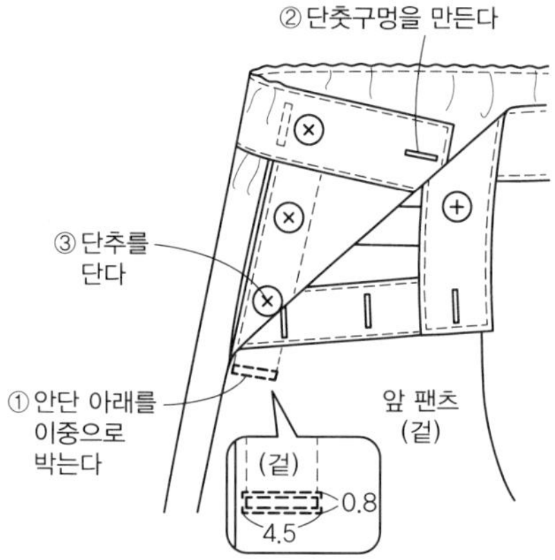

② 단춧구멍을 만든다

③ 단추를
단다

① 안단 아래를
이중으로
박는다

앞 팬츠
(겉)

(겉) 0.8

4.5

팬츠
(안)

1.5 0.1

1.5

⑤ 밑단을 2번 접어서 박는다
⑥ 겉으로 뒤집는다

04 *yayi* 야이 오리엔탈 드레스 *photo ⇒ p.10*

실물 대형 옷본 ⇒ A면
소맷부리 바이어스 천, 고리·
단추 천은 재단 배치도 치수로 자른다

재료 ※왼쪽부터 S/M/L/LL 사이즈
리버티·패브릭스 테버튼 버원 자카르(그레이)
…107~108cm 폭×320/320/330/330cm
브로드(그레이)…108cm 폭×50cm ※ 모든 사이즈 공통
접착심지…90cm 폭×50cm

완성 치수
가슴둘레…184/188/193/198cm
옷 길이…109cm(공통)
소매길이…32.5cm(공통)

재단 배치도
✻지정된 시접 이외는 1cm 넣는다
✻ ▨ 는 접착심지를 붙인다

리버티·패브릭스

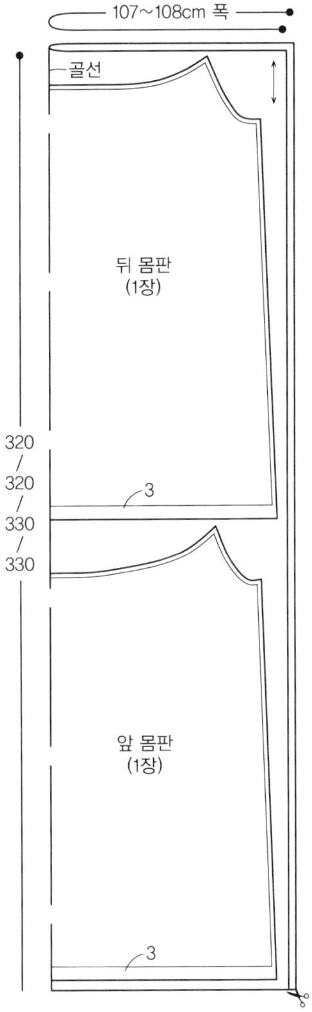

← 107~108cm 폭 →

골선

뒤 몸판
(1장)

3

320
/
320
/
330
/
330

앞 몸판
(1장)

3

브로드

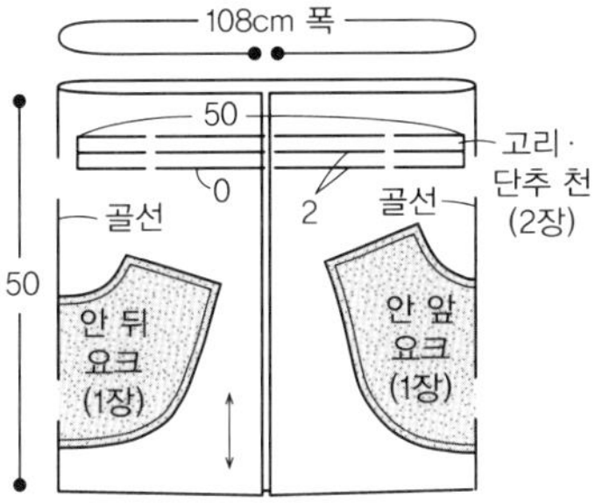

← 108cm 폭 →

50

50

0

2

골선

골선

골선

안 뒤
요크
(1장)

안 앞
요크
(1장)

고리·
단추 천
(2장)

박는 순서

1·3

6

2

8

7

4

5

앞

소매
(2장)

소매

3.5

0

소맷부리
바이어스 천
(2장)

◉ =29/30/31/32cm

겉 칼라
(1장)

안 칼라
(1장)

골선

겉 뒤
요크
(1장)

겉 앞
요크
(1장)

골선

← 107~108cm 폭 →

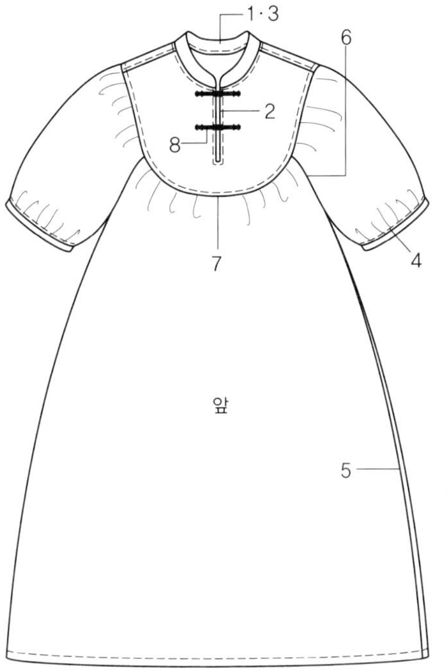

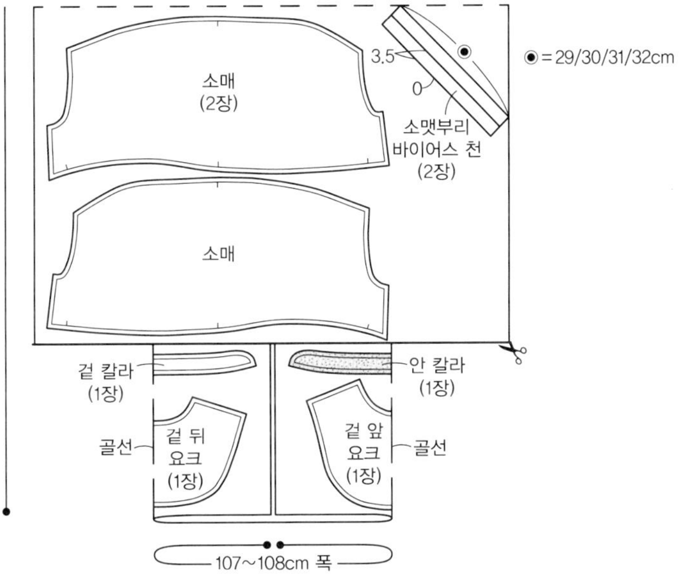

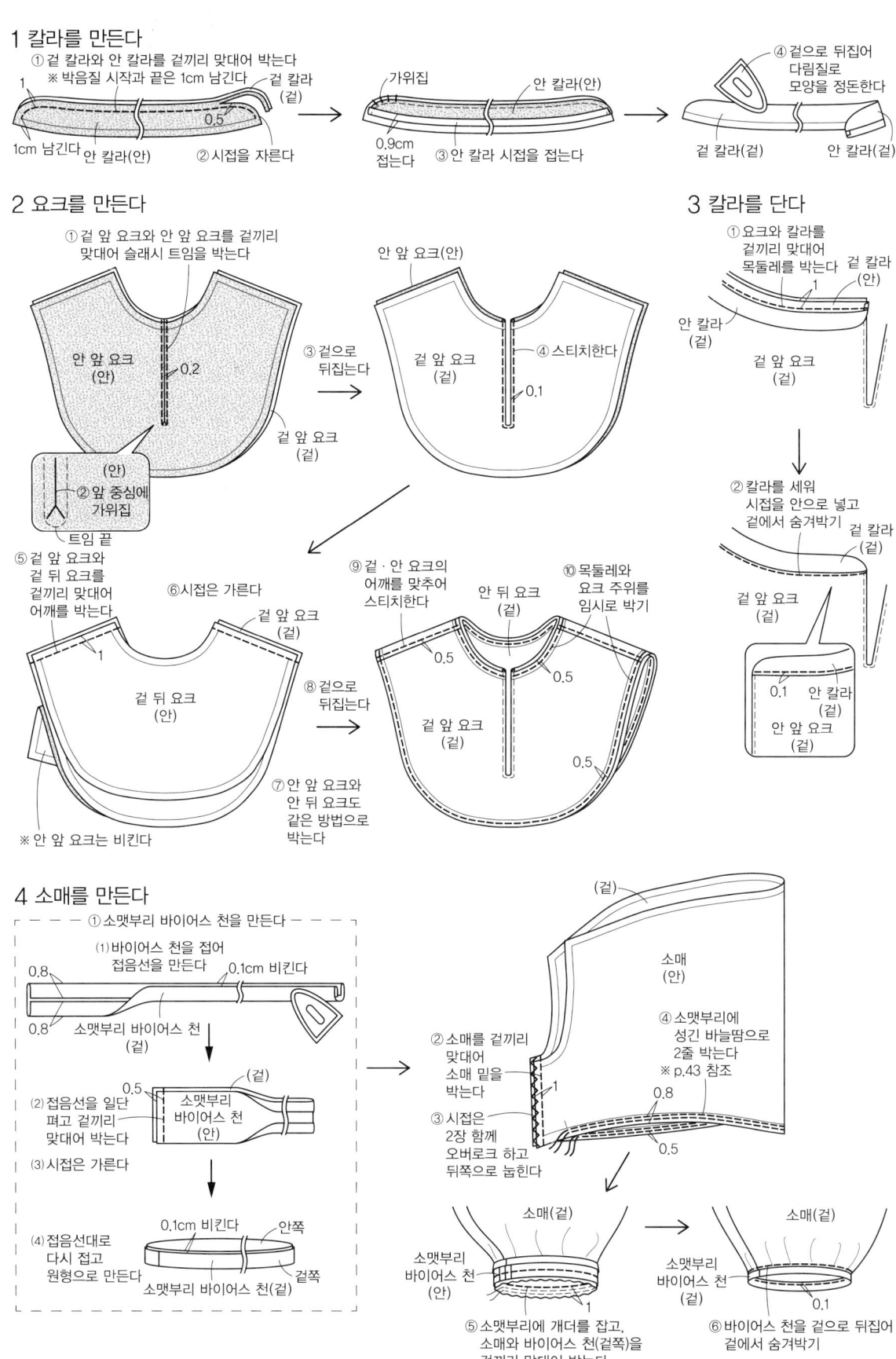

1 칼라를 만든다

① 겉 칼라와 안 칼라를 겉끼리 맞대어 박는다
※ 박음질 시작과 끝은 1cm 남긴다
겉 칼라(겉)
1
0.5
1cm 남긴다
안 칼라(안)
② 시접을 자른다

가위집
안 칼라(안)
0.9cm 접는다
③ 안 칼라 시접을 접는다

④ 겉으로 뒤집어 다림질로 모양을 정돈한다
겉 칼라(겉)
안 칼라(겉)

2 요크를 만든다

① 겉 앞 요크와 안 앞 요크를 겉끼리 맞대어 슬래시 트임을 박는다
안 앞 요크(안)
0.2
겉 앞 요크(겉)
(안)
② 앞 중심에 가위집
트임 끝

③ 겉으로 뒤집는다

안 앞 요크(안)
겉 앞 요크(겉)
④ 스티치한다
0.1

⑤ 겉 앞 요크와 겉 뒤 요크를 겉끼리 맞대어 어깨를 박는다
⑥ 시접은 가른다
겉 앞 요크(겉)
1
겉 뒤 요크(안)
⑧ 겉으로 뒤집는다
⑦ 안 앞 요크와 안 뒤 요크도 같은 방법으로 박는다
※ 안 앞 요크는 비킨다

⑨ 겉·안 요크의 어깨를 맞추어 스티치한다
안 뒤 요크(겉)
⑩ 목둘레와 요크 주위를 임시로 박기
0.5
겉 앞 요크(겉)
0.5
0.5

3 칼라를 단다

① 요크와 칼라를 겉끼리 맞대어 목둘레를 박는다
겉 칼라(안)
안 칼라(겉)
1
겉 앞 요크(겉)

② 칼라를 세워 시접을 안으로 넣고 겉에서 숨겨박기
겉 칼라(겉)
겉 앞 요크(겉)
0.1
안 칼라(겉)
안 앞 요크(겉)

4 소매를 만든다

① 소맷부리 바이어스 천을 만든다

(1) 바이어스 천을 접어 접음선을 만든다
0.8
0.8
소맷부리 바이어스 천(겉)
0.1cm 비킨다

(2) 접음선을 일단 펴고 겉끼리 맞대어 박는다
(3) 시접은 가른다
0.5
소맷부리 바이어스 천(안)
(겉)

(4) 접음선대로 다시 접고 원형으로 만든다
0.1cm 비킨다
안쪽
겉쪽
소맷부리 바이어스 천(겉)

(겉)
소매(안)
② 소매를 겉끼리 맞대어 소매 밑을 박는다
③ 시접은 2장 함께 오버로크 하고 뒤쪽으로 눕힌다
1
④ 소맷부리에 성긴 바늘땀으로 2줄 박는다
※ p.43 참조
0.8
0.5

소매(겉)
소맷부리 바이어스 천(안)
⑤ 소맷부리에 개더를 잡고, 소매와 바이어스 천(겉쪽)을 겉끼리 맞대어 박는다

소매(겉)
소맷부리 바이어스 천(겉)
⑥ 바이어스 천을 겉으로 뒤집어 겉에서 숨겨박기
0.1

5 몸판을 만든다

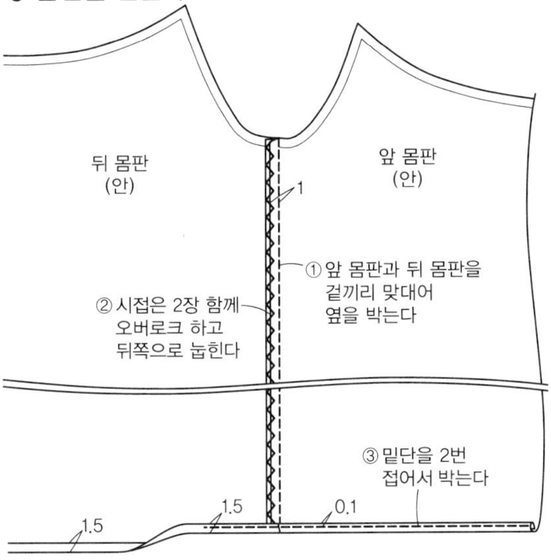

뒤 몸판
(안)

앞 몸판
(안)

① 앞 몸판과 뒤 몸판을
겉끼리 맞대어
옆을 박는다

② 시접은 2장 함께
오버로크 하고
뒤쪽으로 눕힌다

③ 밑단을 2번
접어서 박는다

1.5

1.5

0.1

6 소매를 붙인다

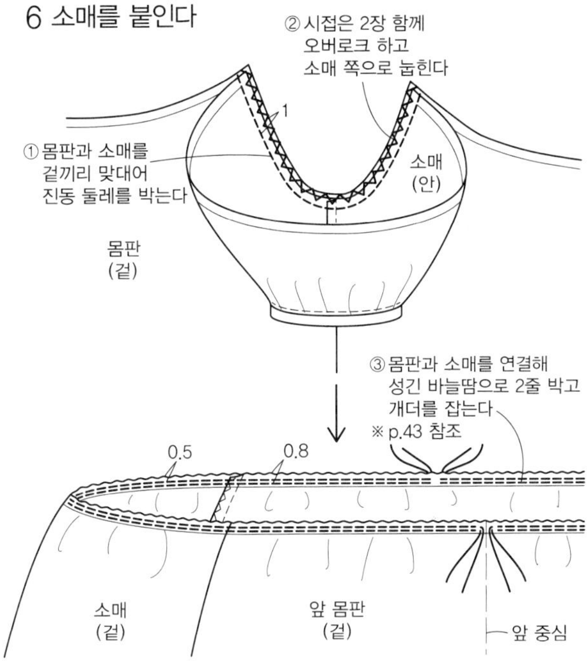

② 시접은 2장 함께
오버로크 하고
소매 쪽으로 눕힌다

1

① 몸판과 소매를
겉끼리 맞대어
진동 둘레를 박는다

소매
(안)

몸판
(겉)

③ 몸판과 소매를 연결해
성긴 바늘땀으로 2줄 박고
개더를 잡는다
※ p.43 참조

0.5

0.8

소매
(겉)

앞 몸판
(겉)

앞 중심

7 요크와 몸판을 맞춰서 박는다
8 고리·단추를 만들어, 단다

① 겉 요크와
몸판을 겉끼리
맞대어 박는다

② 시접은 3장 함께
오버로크 하고
요크 쪽으로 눕힌다

1

안 요크
(겉)

몸판
(겉)

③ 요크를 겉으로 뒤집어
겉에서 스티치한다

0.1

겉 요크
(겉)

④ 고리·단추를
만들어, 단다
※ 오른쪽 그림 참조

잠금용
고리

0.8

단추용
고리

0.5

1

4

0.5cm 접는다
(겉)

0.5cm
접는다

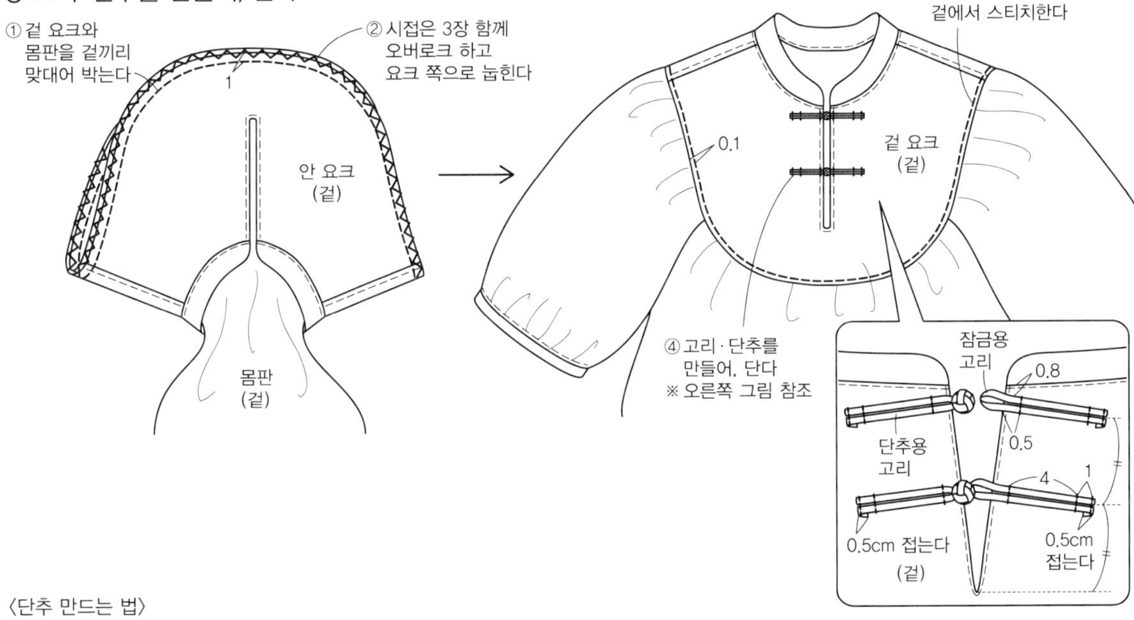

〈단추 만드는 법〉
※ 고리는 p.43을 참조하고, 0.4cm 폭으로 2개 만든다

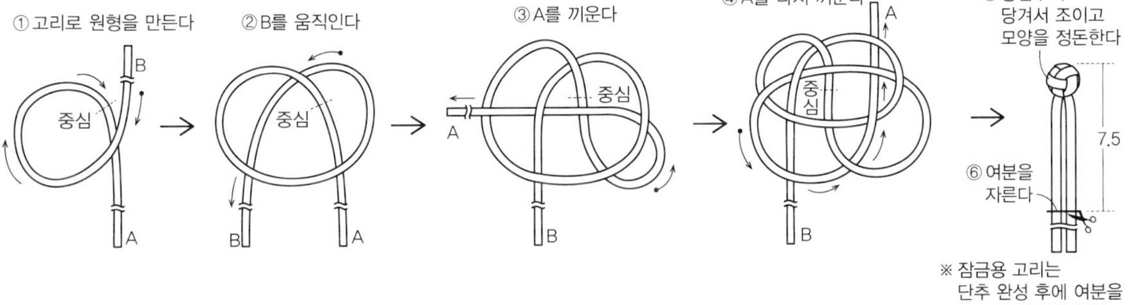

① 고리로 원형을 만든다

중심

B

A

② B를 움직인다

중심

B

A

③ A를 끼운다

A

중심

B

④ A를 다시 끼운다

A

중심

B

⑤ 중심부터
당겨서 조이고
모양을 정돈한다

7.5

⑥ 여분을
자른다

※ 잠금용 고리는
단추 완성 후에 여분을
15cm로 잘라서 사용

05 *talma* 탈마 케이프 칼라 슬리브리스 블라우스 *photo ⇒ p.12*

16 *talma* 탈마 케이프 칼라 긴소매 블라우스 *photo ⇒ p.30*

실물 대형 옷본 ⇒ *B*면
고리, 05의 진동 둘레 바이어스 천은 재단 배치도 치수로 자른다

재료 ※왼쪽부터 S/M/L/LL 사이즈
〈05〉 CHECK & STRIPE 부드러운 리넨(베이지×화이트)
　　…120cm 폭×190/190/200/200cm, 지름 1cm 단추…1개
〈16〉 fanage(자연 건조) 리넨 100% 40번수 TL4400(55테라코타)
　　…114cm 폭×250/250/260/260cm, 지름 1cm 단추…1개
〈공통〉 접착심지…30×40cm

완성 치수
〈05〉 가슴둘레…96/100/105/110cm
　　 옷 길이…52/53/54/55cm
〈16〉 가슴둘레…96/100/105/110cm
　　 옷 길이…52/53/54/55cm
　　 소매길이…53/54/55/56cm

재단 배치도
＊지정된 시접 이외는 1cm 넣는다
＊□는 접착심지를 붙인다

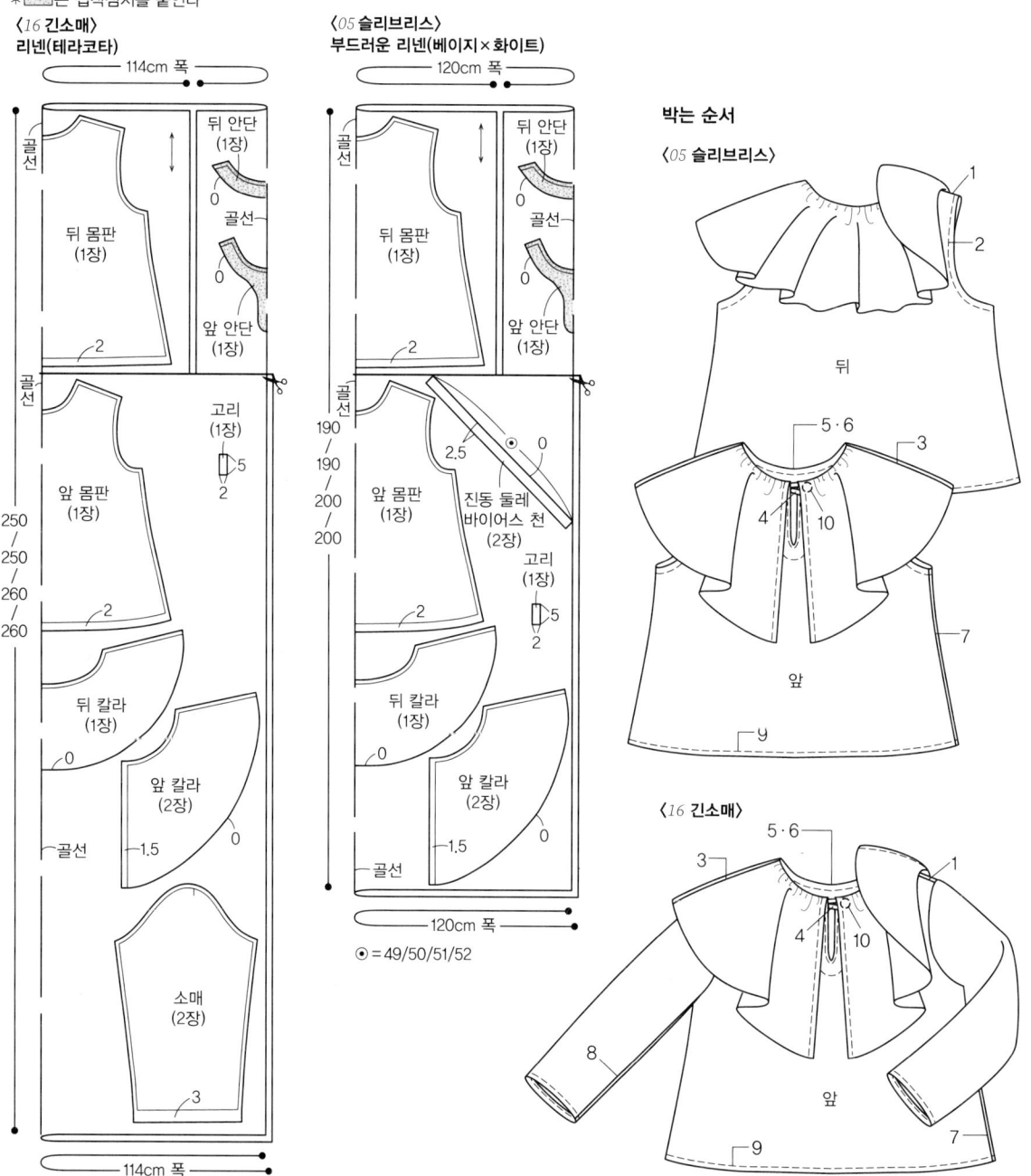

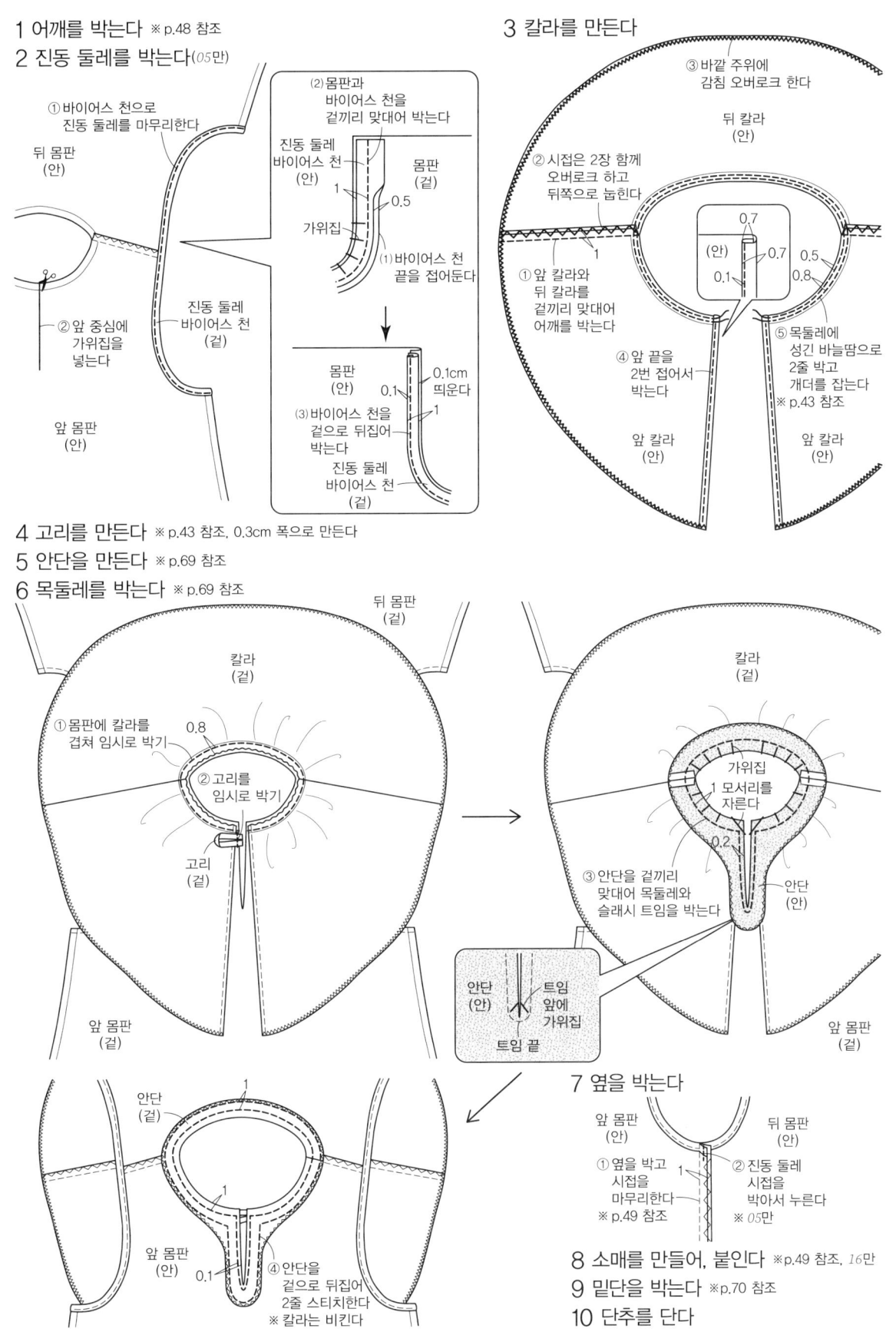

1 어깨를 박는다 ※ p.48 참조
2 진동 둘레를 박는다(05만)

① 바이어스 천으로
진동 둘레를 마무리한다

뒤 몸판
(안)

② 앞 중심에
가위집을
넣는다

앞 몸판
(안)

진동 둘레
바이어스 천
(겉)

(2) 몸판과
바이어스 천을
겉끼리 맞대어 박는다

진동 둘레
바이어스 천
(안)

몸판
(겉)

1
0.5

가위집

(1) 바이어스 천
끝을 접어둔다

몸판
(안)

0.1

0.1cm
띄운다

1

(3) 바이어스 천을
겉으로 뒤집어
박는다

진동 둘레
바이어스 천
(겉)

3 칼라를 만든다

③ 바깥 주위에
감침 오버로크 한다

뒤 칼라
(안)

② 시접은 2장 함께
오버로크 하고
뒤쪽으로 눕힌다

1

① 앞 칼라와
뒤 칼라를
겉끼리 맞대어
어깨를 박는다

④ 앞 끝을
2번 접어서
박는다

앞 칼라
(안)

(안)

0.7

0.7

0.1

0.5

0.8

⑤ 목둘레에
성긴 바늘땀으로
2줄 박고
개더를 잡는다
※ p.43 참조

앞 칼라
(안)

4 고리를 만든다 ※ p.43 참조, 0.3cm 폭으로 만든다
5 안단을 만든다 ※ p.69 참조
6 목둘레를 박는다 ※ p.69 참조

뒤 몸판
(겉)

칼라
(겉)

① 몸판에 칼라를
겹쳐 임시로 박기

0.8

② 고리를
임시로 박기

고리
(겉)

앞 몸판
(겉)

칼라
(겉)

가위집
모서리를
자른다

0.2

③ 안단을 겉끼리
맞대어 목둘레와
슬래시 트임을 박는다

안단
(안)

앞 몸판
(겉)

안단
(안)

트임
앞에
가위집

트임 끝

안단
(겉)

1

앞 몸판
(안)

1

0.1

④ 안단을
겉으로 뒤집어
2줄 스티치한다
※ 칼라는 비킨다

7 옆을 박는다

앞 몸판
(안)

뒤 몸판
(안)

① 옆을 박고
시접을
마무리한다
※ p.49 참조

1

② 진동 둘레
시접을
박아서 누른다
※ 05만

8 소매를 만들어, 붙인다 ※ p.49 참조, 16만
9 밑단을 박는다 ※ p.70 참조
10 단추를 단다

57

06 *polar* 폴라 멜빵바지 *photo ⇒ p.13*

실물 대형 옷본 ⇒ *B*면
어깨끈, 뒤 끈, 끈고리,
벨트 끈은 재단 배치도 치수로 자른다

재료 ※왼쪽부터 S/M/L/LL 사이즈
선세탁 리넨 컬러 트윌(내추럴)
…150cm 폭×200/200/210/210cm
접착심지…60×40cm
1.5cm 폭 사각 고리…2개
1.5cm 폭 왈자 고리…1개

완성 치수
허리둘레…89/93/98/103cm
팬츠 길이(요크 포함)…79/81/83/85cm

재단 배치도
＊지정된 시접 이외는 1cm 넣는다
＊▨는 접착심지를 붙인다

선세탁 리넨

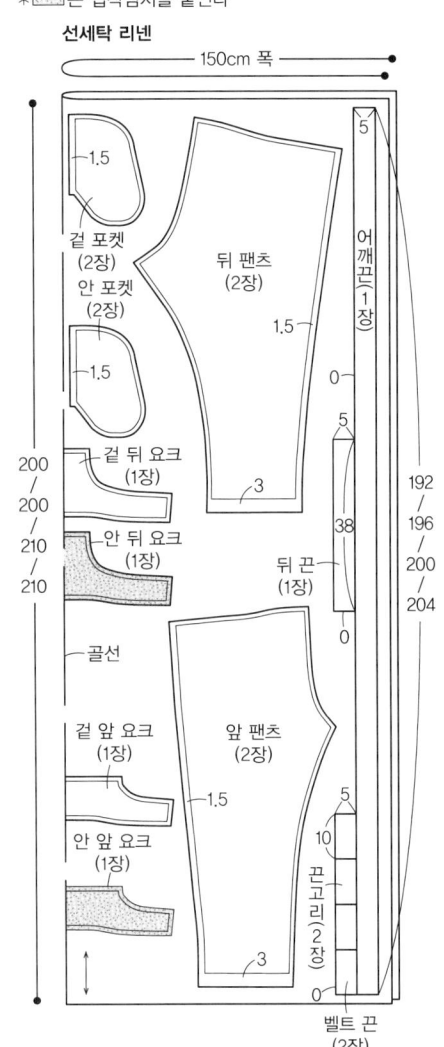

150cm 폭

겉 포켓
(2장)
1.5

안 포켓
(2장)
1.5

겉 뒤 요크
(1장)

안 뒤 요크
(1장)

골선

겉 앞 요크
(1장)
1.5

안 앞 요크
(1장)

뒤 팬츠
(2장)
1.5

앞 팬츠
(2장)
1.5

3

어깨끈(1장)
5
0
5
38
3
뒤 끈
(1장)
0

200/200/210/210

192/196/200/204

5
10
끈고리
(2장)
0

벨트 끈
(2장)

박는 순서

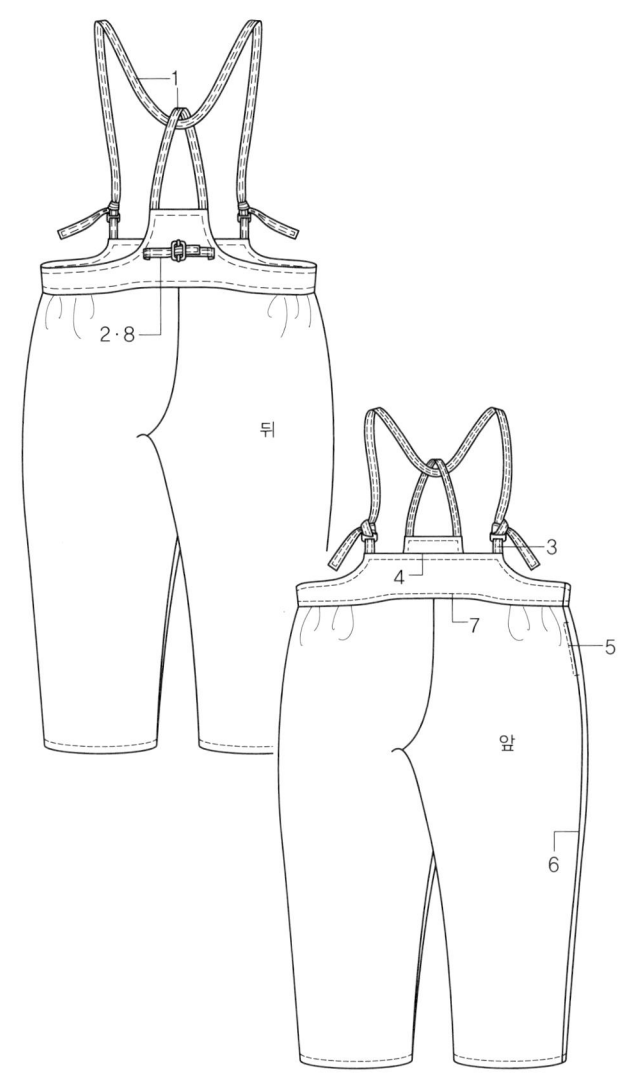

1
2·8
뒤
3
4
7
5
앞
6

58

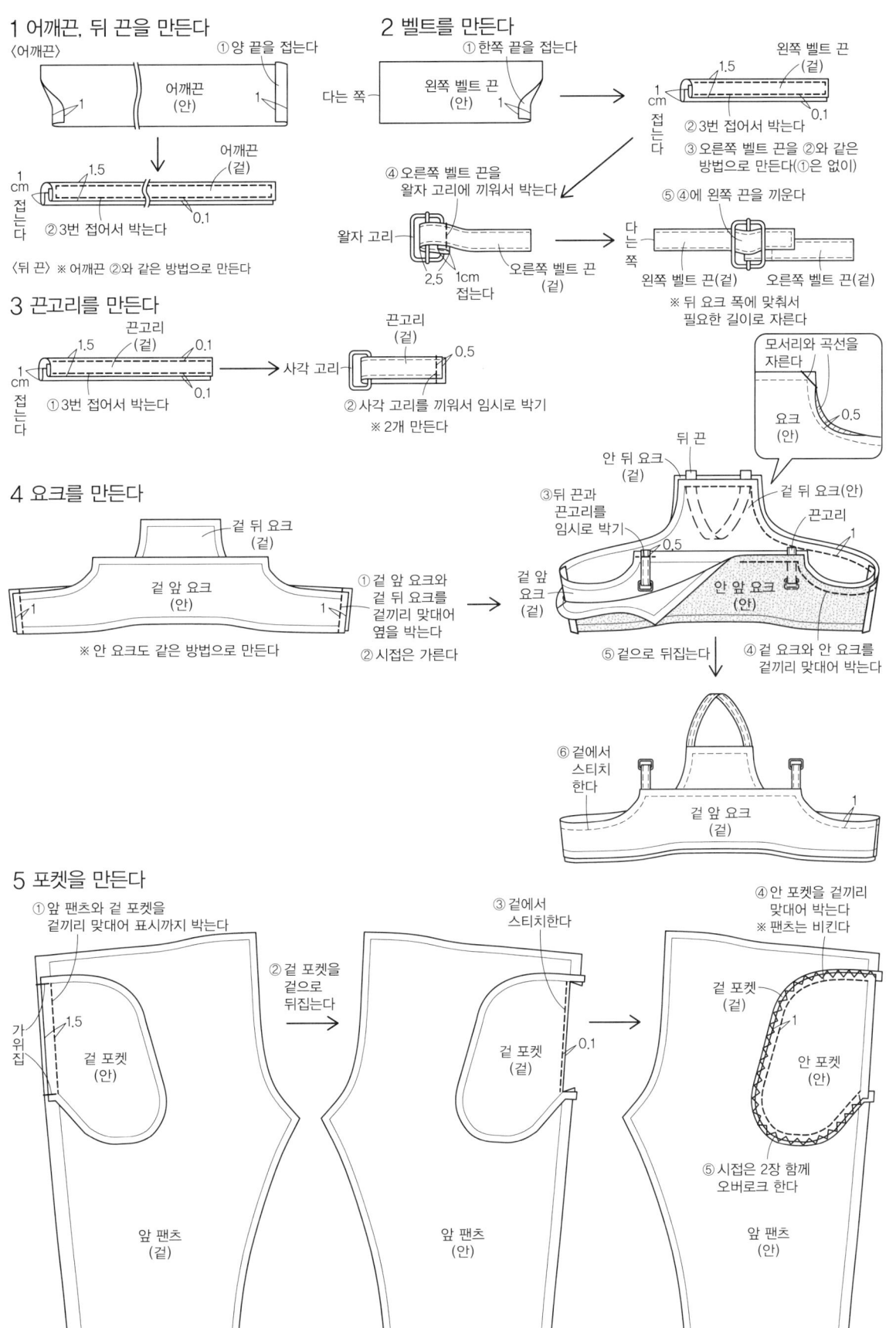

1 어깨끈, 뒤 끈을 만든다

〈어깨끈〉

① 양 끝을 접는다

어깨끈 (안)

1

1

1 cm 접는다

1.5

② 3번 접어서 박는다

0.1

어깨끈 (겉)

〈뒤 끈〉 ※ 어깨끈 ②와 같은 방법으로 만든다

2 벨트를 만든다

① 한쪽 끝을 접는다

다는 쪽

왼쪽 벨트 끈 (안)

1

왼쪽 벨트 끈 (겉)

1.5

1 cm 접는다

0.1

② 3번 접어서 박는다

③ 오른쪽 벨트 끈을 ②와 같은 방법으로 만든다(①은 없이)

④ 오른쪽 벨트 끈을 왈자 고리에 끼워서 박는다

왈자 고리

2.5

1cm 접는다

오른쪽 벨트 끈 (겉)

⑤ ④에 왼쪽 끈을 끼운다

다는 쪽

왼쪽 벨트 끈(겉)

오른쪽 벨트 끈(겉)

※ 뒤 요크 폭에 맞춰서 필요한 길이로 자른다

3 끈고리를 만든다

끈고리 (겉)

1.5

0.1

1 cm 접는다

0.1

① 3번 접어서 박는다

끈고리 (겉)

0.5

사각 고리

② 사각 고리를 끼워서 임시로 박기

※ 2개 만든다

4 요크를 만든다

겉 뒤 요크 (겉)

겉 앞 요크 (안)

1

1

① 겉 앞 요크와 겉 뒤 요크를 겉끼리 맞대어 옆을 박는다

② 시접은 가른다

※ 안 요크도 같은 방법으로 만든다

모서리와 곡선을 자른다

요크 (안)

0.5

뒤 끈

안 뒤 요크 (겉)

겉 뒤 요크(안)

끈고리

1

③ 뒤 끈과 끈고리를 임시로 박기

0.5

겉 앞 요크 (겉)

안 앞 요크 (안)

④ 겉 요크와 안 요크를 겉끼리 맞대어 박는다

⑤ 겉으로 뒤집는다

⑥ 겉에서 스티치 한다

겉 앞 요크 (겉)

1

5 포켓을 만든다

① 앞 팬츠와 겉 포켓을 겉끼리 맞대어 표시까지 박는다

가위집

1.5

겉 포켓 (안)

앞 팬츠 (겉)

② 겉 포켓을 겉으로 뒤집는다

③ 겉에서 스티치한다

겉 포켓 (겉)

0.1

앞 팬츠 (안)

④ 안 포켓을 겉끼리 맞대어 박는다

※ 팬츠는 비킨다

겉 포켓 (겉)

1

안 포켓 (안)

⑤ 시접은 2장 함께 오버로크 한다

앞 팬츠 (안)

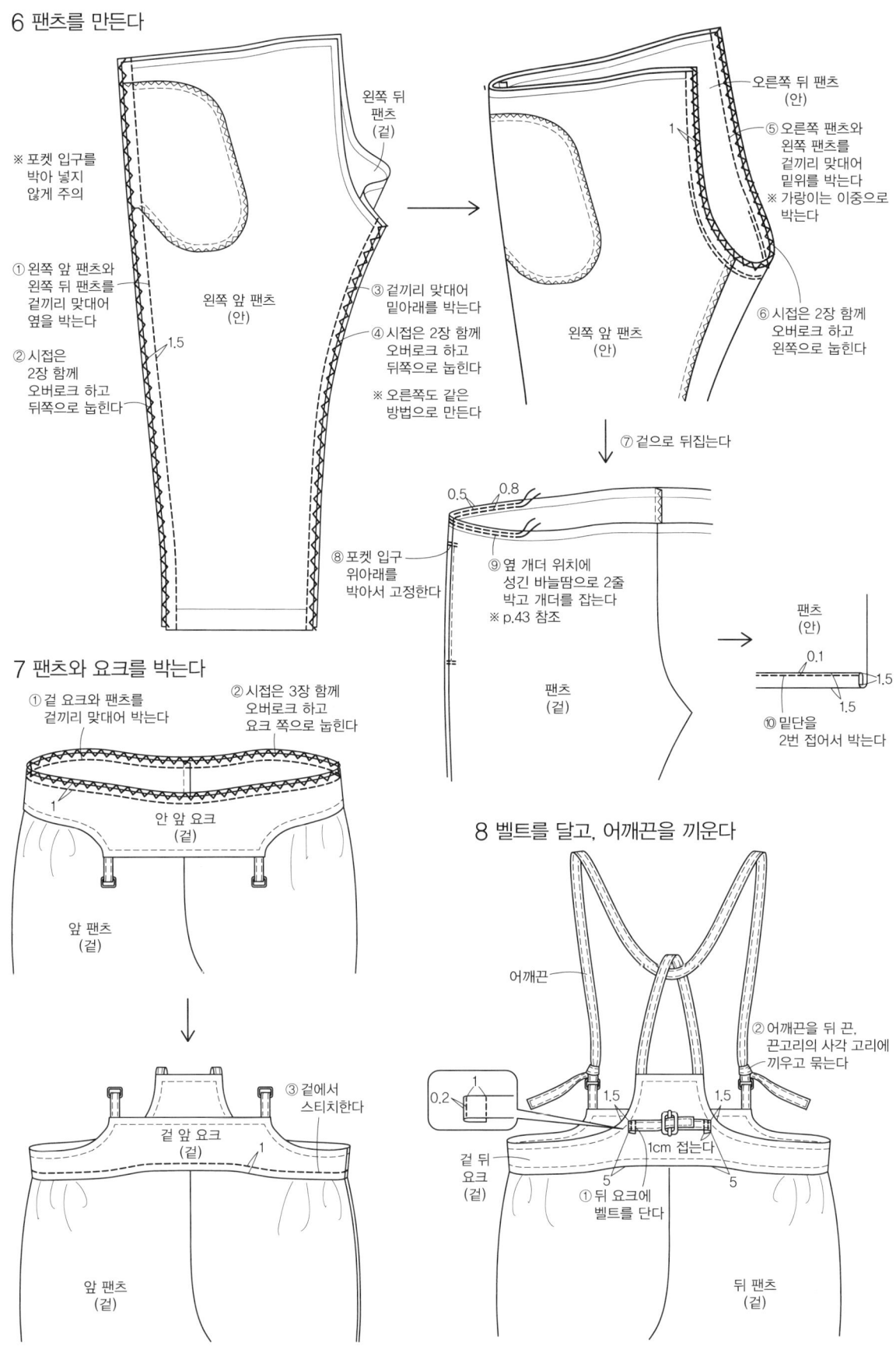

6 팬츠를 만든다

왼쪽 뒤
팬츠
(겉)

오른쪽 뒤 팬츠
(안)

※ 포켓 입구를
박아 넣지
않게 주의

① 왼쪽 앞 팬츠와
왼쪽 뒤 팬츠를
겉끼리 맞대어
옆을 박는다

② 시접은
2장 함께
오버로크 하고
뒤쪽으로 눕힌다

왼쪽 앞 팬츠
(안)

③ 겉끼리 맞대어
밑아래를 박는다

④ 시접은 2장 함께
오버로크 하고
뒤쪽으로 눕힌다

※ 오른쪽도 같은
방법으로 만든다

1.5

1

⑤ 오른쪽 팬츠와
왼쪽 팬츠를
겉끼리 맞대어
밑위를 박는다

※ 가랑이는 이중으로
박는다

왼쪽 앞 팬츠
(안)

⑥ 시접은 2장 함께
오버로크 하고
왼쪽으로 눕힌다

⑦ 겉으로 뒤집는다

0.5   0.8

⑧ 포켓 입구
위아래를
박아서 고정한다

⑨ 옆 개더 위치에
성긴 바늘땀으로 2줄
박고 개더를 잡는다
※ p.43 참조

팬츠
(겉)

팬츠
(안)

0.1

1.5

1.5

⑩ 밑단을
2번 접어서 박는다

7 팬츠와 요크를 박는다

① 겉 요크와 팬츠를
겉끼리 맞대어 박는다

② 시접은 3장 함께
오버로크 하고
요크 쪽으로 눕힌다

1

안 앞 요크
(겉)

앞 팬츠
(겉)

겉 앞 요크
(겉)

③ 겉에서
스티치한다

1

앞 팬츠
(겉)

8 벨트를 달고, 어깨끈을 끼운다

어깨끈

② 어깨끈을 뒤 끈,
끈고리의 사각 고리에
끼우고 묶는다

0.2   1

겉 뒤
요크
(겉)

1.5

1cm 접는다

1.5

5   5

① 뒤 요크에
벨트를 단다

뒤 팬츠
(겉)

07 *pulse* 펄스 백 카슈쾨르 드레스 *photo ⇒ p.14*

재료　※왼쪽부터 S/M/L/LL 사이즈
fanage(자연 건조) 리넨 100% 60번수(128 도브 그레이) TL6000
…114cm 폭×410/410/420/430cm
접착심지…90×60cm
지름 2.4cm 단추…2개

실물 대형 옷본 ⇒ *B*면
앞 스커트, 뒤 스커트, 프릴은
재단 배치도 치수로 자른다

완성 치수
가슴둘레…87.5/91.5/95.5/99.5cm
옷 길이(SNP)…120/121.5/123.5/125.5cm
허리둘레…90/96/100/104cm

재단 배치도 ＊지정된 시접 이외는 1cm 넣는다
＊▨는 접착심지를 붙인다

박는 순서

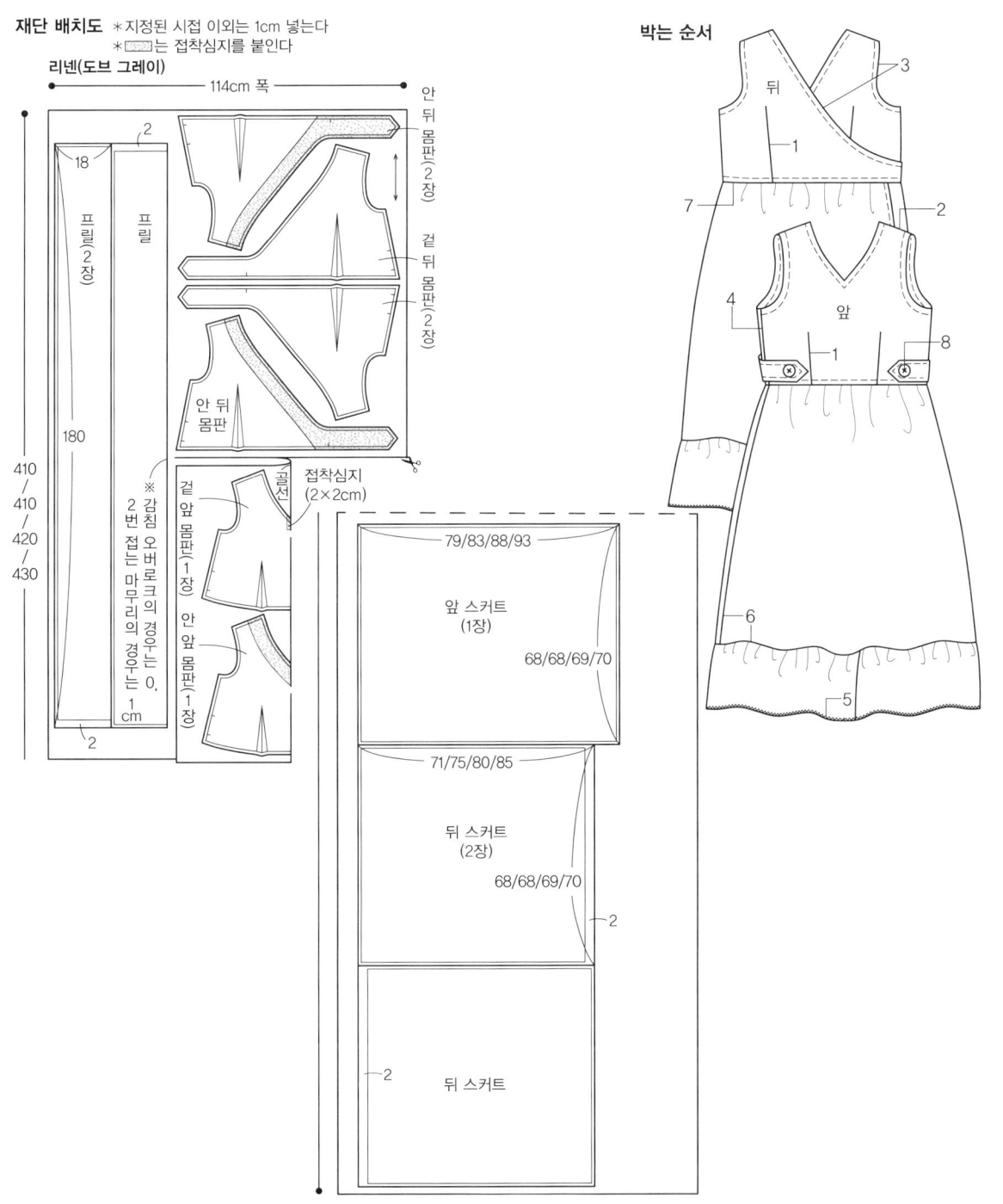

61

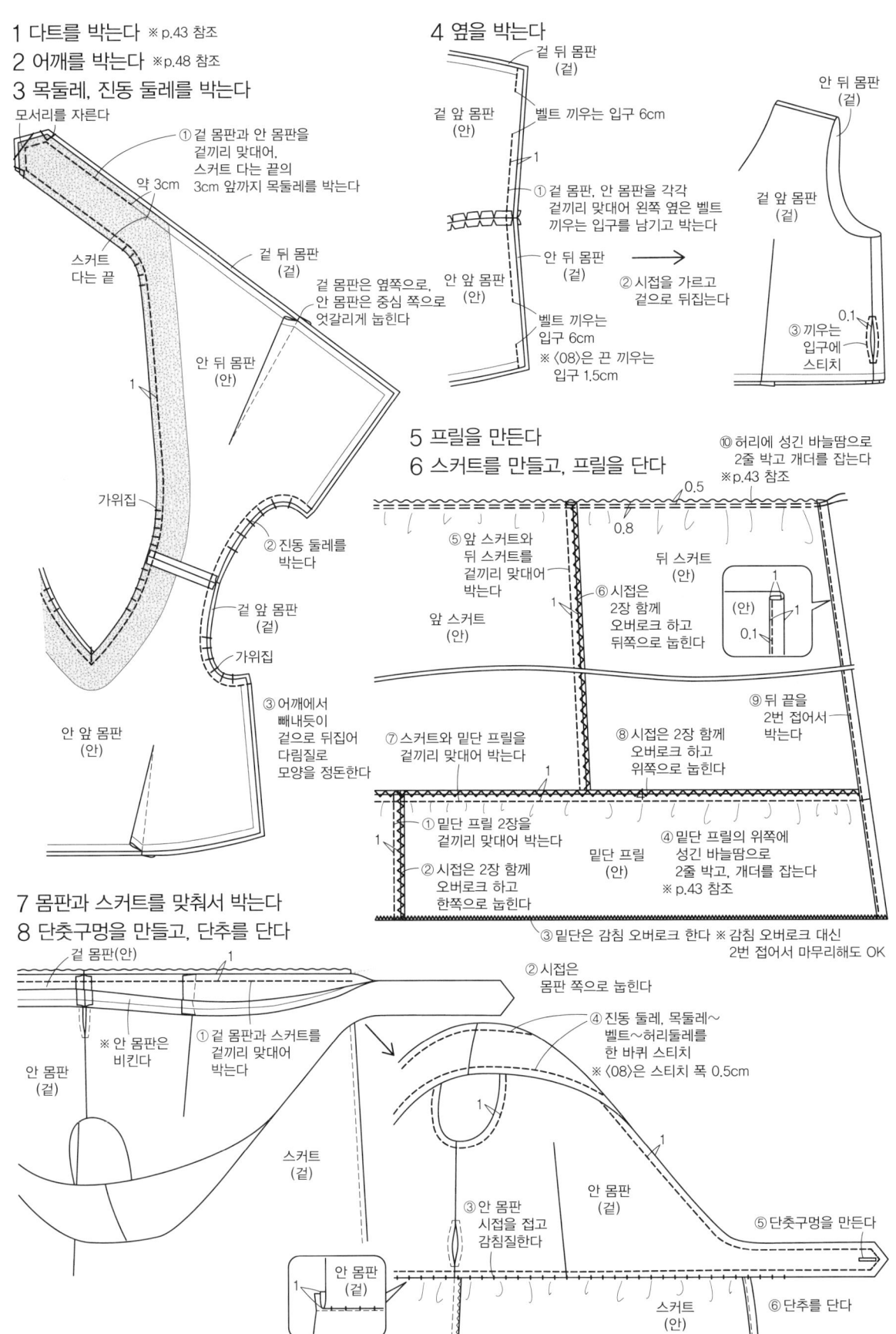

1 다트를 박는다 ※ p.43 참조
2 어깨를 박는다 ※ p.48 참조
3 목둘레, 진동 둘레를 박는다

모서리를 자른다

① 겉 몸판과 안 몸판을 겉끼리 맞대어, 스커트 다는 끝의 3cm 앞까지 목둘레를 박는다

약 3cm

겉 뒤 몸판 (겉)

스커트 다는 끝

겉 몸판은 옆쪽으로, 안 몸판은 중심 쪽으로 엇갈리게 눕힌다

안 뒤 몸판 (안)

1

가위집

② 진동 둘레를 박는다

겉 앞 몸판 (겉)

가위집

③ 어깨에서 빼내듯이 겉으로 뒤집어 다림질로 모양을 정돈한다

안 앞 몸판 (안)

4 옆을 박는다

겉 뒤 몸판 (겉)

겉 앞 몸판 (안)

벨트 끼우는 입구 6cm

1

① 겉 몸판, 안 몸판을 각각 겉끼리 맞대어 왼쪽 옆은 벨트 끼우는 입구를 남기고 박는다

안 뒤 몸판 (겉)

안 앞 몸판 (안)

벨트 끼우는 입구 6cm
※〈08〉은 끈 끼우는 입구 1.5cm

② 시접을 가르고 겉으로 뒤집는다

안 뒤 몸판 (겉)

겉 앞 몸판 (겉)

0.1

③ 끼우는 입구에 스티치

5 프릴을 만든다
6 스커트를 만들고, 프릴을 단다

⑩ 허리에 성긴 바늘땀으로 2줄 박고 개더를 잡는다
※ p.43 참조

0.5
0.8

뒤 스커트 (안)

⑤ 앞 스커트와 뒤 스커트를 겉끼리 맞대어 박는다

앞 스커트 (안)

1

⑥ 시접은 2장 함께 오버로크 하고 뒤쪽으로 눕힌다

(안)
1
0.1
1

⑨ 뒤 끝을 2번 접어서 박는다

⑦ 스커트와 밑단 프릴을 겉끼리 맞대어 박는다

⑧ 시접은 2장 함께 오버로크 하고 위쪽으로 눕힌다

1

① 밑단 프릴 2장을 겉끼리 맞대어 박는다

② 시접은 2장 함께 오버로크 하고 한쪽으로 눕힌다

1

밑단 프릴 (안)

④ 밑단 프릴의 위쪽에 성긴 바늘땀으로 2줄 박고, 개더를 잡는다
※ p.43 참조

③ 밑단은 감침 오버로크 한다 ※ 감침 오버로크 대신 2번 접어서 마무리해도 OK

7 몸판과 스커트를 맞춰서 박는다
8 단춧구멍을 만들고, 단추를 단다

겉 몸판(안)

1

② 시접은 몸판 쪽으로 눕힌다

④ 진동 둘레, 목둘레~ 벨트~허리둘레를 한 바퀴 스티치
※〈08〉은 스티치 폭 0.5cm

※ 안 몸판은 비킨다

안 몸판 (겉)

① 겉 몸판과 스커트를 겉끼리 맞대어 박는다

스커트 (겉)

1

③ 안 몸판 시접을 접고 감침질한다

안 몸판 (겉)

⑤ 단춧구멍을 만든다

안 몸판 (겉)

1

스커트 (안)

⑥ 단추를 단다

62

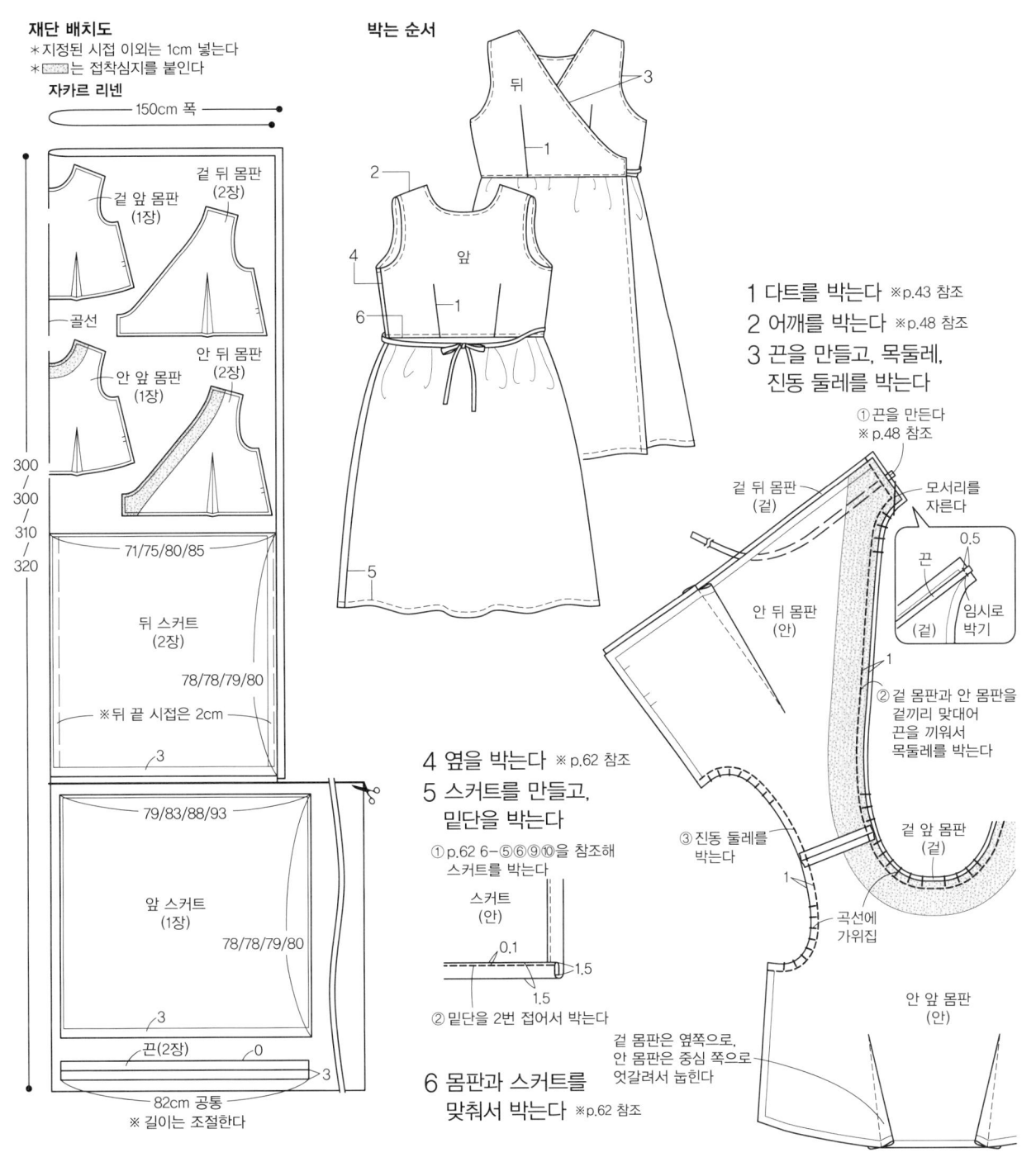

08 *pulse* 펄스 백 카슈쾨르 원피스 *photo ⇒ p.16*

실물 대형 옷본 ⇒ *B*면
앞 스커트, 뒤 스커트, 끈은
재단 배치도 치수로 자른다

재료 ※왼쪽부터 S/M/L/LL 사이즈
자카르 리넨(베이지)…150cm 폭×300/300/310/320cm
접착심지…90×60cm

완성 치수
가슴둘레…87.5/91.5/95.5/99.5cm
옷 길이(SNP)…112/113.5/115.5/117.5cm
허리둘레…90/96/100/104cm

재단 배치도
＊지정된 시접 이외는 1cm 넣는다
＊ ▨는 접착심지를 붙인다

자카르 리넨

150cm 폭

겉 앞 몸판
(1장)

겉 뒤 몸판
(2장)

골선

안 앞 몸판
(1장)

안 뒤 몸판
(2장)

300
300
310
320

71/75/80/85

뒤 스커트
(2장)

78/78/79/80

※뒤 끝 시접은 2cm

3

79/83/88/93

앞 스커트
(1장)

78/78/79/80

3

끈(2장) 0

3

82cm 공통
※ 길이는 조절한다

박는 순서

뒤

앞

1 다트를 박는다 ※p.43 참조
2 어깨를 박는다 ※p.48 참조
3 끈을 만들고, 목둘레,
진동 둘레를 박는다

①끈을 만든다
※ p.48 참조

겉 뒤 몸판
(겉)

모서리를
자른다

0.5

끈

안 뒤 몸판
(안)

끈
(겉)

임시로
박기

②겉 몸판과 안 몸판을
겉끼리 맞대어
끈을 끼워서
목둘레를 박는다

③진동 둘레를
박는다

겉 앞 몸판
(겉)

곡선에
가위집

4 옆을 박는다 ※ p.62 참조
5 스커트를 만들고,
밑단을 박는다

①p.62 6-⑤⑥⑨⑩을 참조해
스커트를 박는다

스커트
(안)

0.1

1.5

1.5

②밑단을 2번 접어서 박는다

안 앞 몸판
(안)

겉 몸판은 옆쪽으로,
안 몸판은 중심 쪽으로
엇갈려서 눕힌다

6 몸판과 스커트를
맞춰서 박는다 ※p.62 참조

09 *bell* 벨 플레어 턱 스커트 *photo ⇒* a *p.18* b *p.19*

실물 대형 옷본 ⇒ C면
겉 벨트, 안 벨트는
재단 배치도 치수로 자른다

재료 ※왼쪽부터 S/M/L/LL 사이즈
〈a〉 CHECK & STRIPE 바다의 브로드(블랙)
　…110cm 폭×360/370/440/450cm
〈b〉 리버티·패브릭스 패트릭·고든 타나론
　…108cm 폭×360/370/440/450cm
〈공통〉 접착심지…10×90cm
　22cm 숨김 지퍼…1개
　지름 1.7cm 단추…1개

완성 치수(a·b 공통)
허리둘레…66/70/75/80cm
스커트 길이…69/73/77/81cm

재단 배치도
＊지정된 시접 이외는 1cm 넣는다
＊▭는 접착심지를 붙인다
　〈a〉 **바다의 브로드**
　〈b〉 **리버티·패브릭스**
　← a:110cm 폭·b:108cm 폭 →

박는 순서

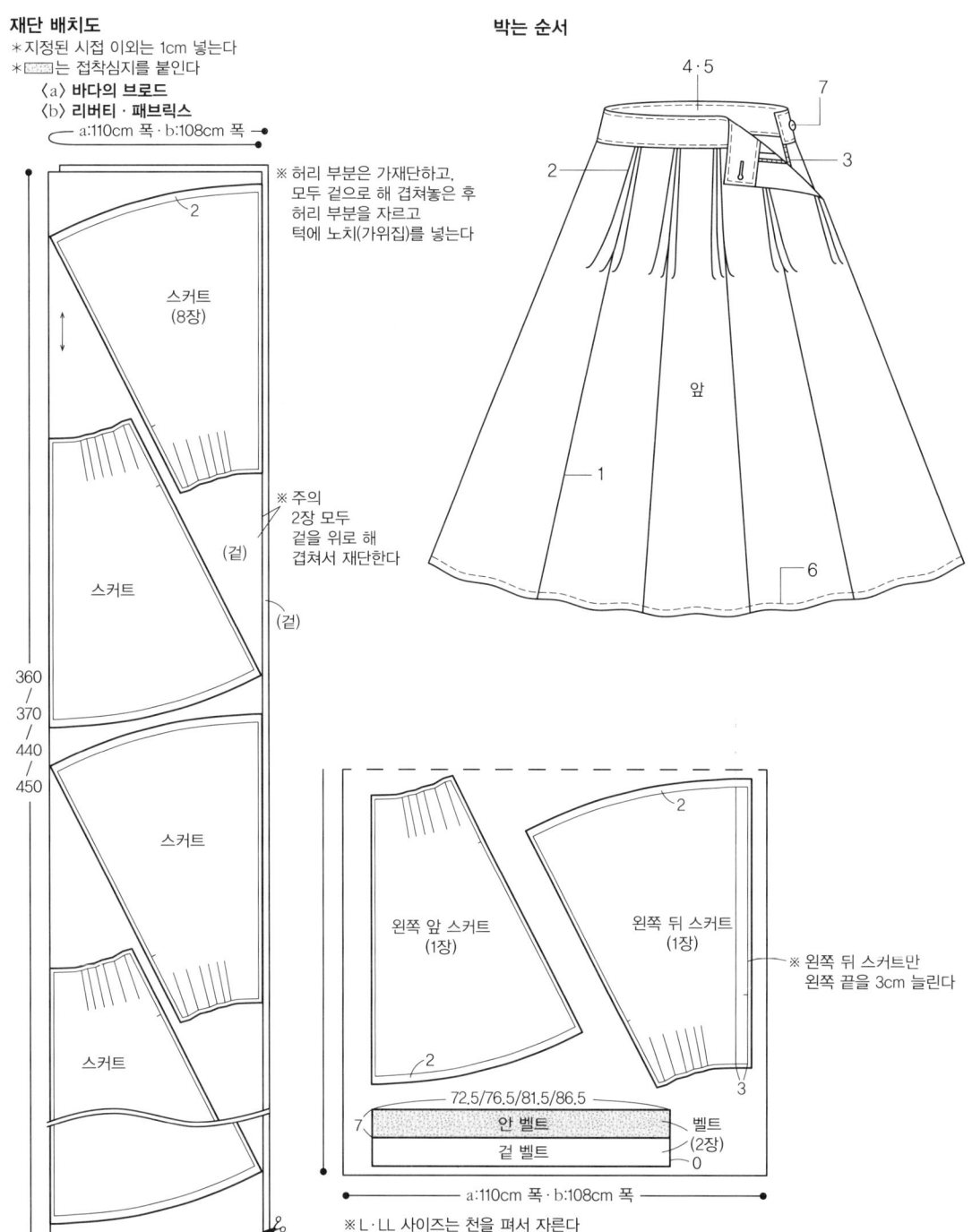

※ 허리 부분은 가재단하고,
모두 겉으로 해 겹쳐놓은 후
허리 부분을 자르고
턱에 노치(가위집)를 넣는다

스커트
(8장)

※ 주의
2장 모두
겉을 위로 해
겹쳐서 재단한다

(겉)

(겉)

스커트

360
/
370
/
440
/
450

스커트

스커트

왼쪽 앞 스커트
(1장)

왼쪽 뒤 스커트
(1장)

※ 왼쪽 뒤 스커트만
왼쪽 끝을 3cm 늘린다

72.5/76.5/81.5/86.5

안 벨트

벨트
(2장)

겉 벨트

← a:110cm 폭·b:108cm 폭 →

※ L·LL 사이즈는 천을 펴서 자른다

앞

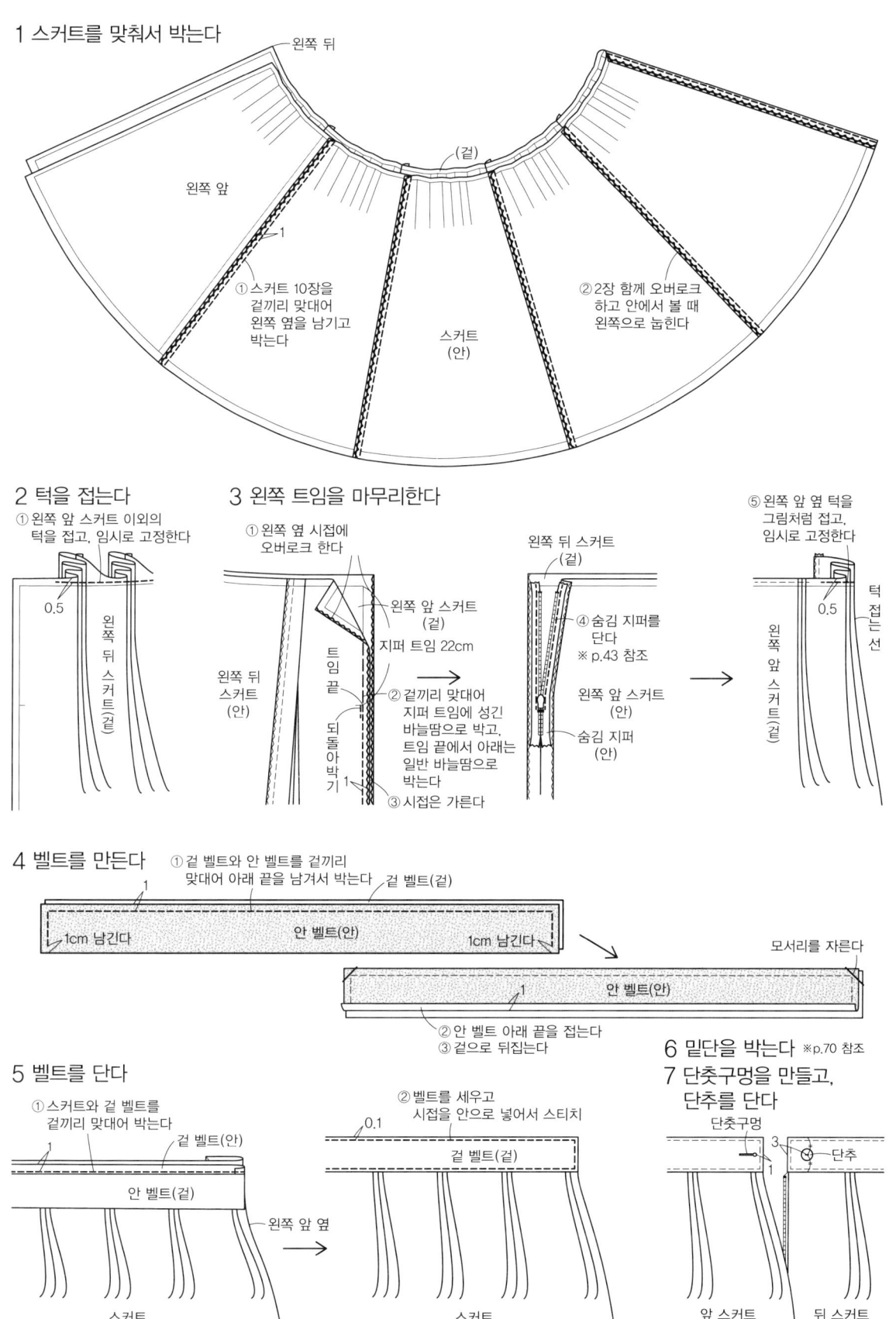

1 스커트를 맞춰서 박는다

왼쪽 뒤

왼쪽 앞

(겉)

스커트
(안)

1

① 스커트 10장을
겉끼리 맞대어
왼쪽 옆을 남기고
박는다

② 2장 함께 오버로크
하고 안에서 볼 때
왼쪽으로 눕힌다

2 턱을 접는다

① 왼쪽 앞 스커트 이외의
턱을 접고, 임시로 고정한다

0.5

왼쪽
뒤
스커트
(겉)

3 왼쪽 트임을 마무리한다

① 왼쪽 옆 시접에
오버로크 한다

왼쪽 뒤
스커트
(안)

트임 끝

되돌아박기

1

왼쪽 앞 스커트
(겉)

지퍼 트임 22cm

② 겉끼리 맞대어
지퍼 트임에 성긴
바늘땀으로 박고,
트임 끝에서 아래는
일반 바늘땀으로
박는다

③ 시접은 가른다

왼쪽 뒤 스커트
(겉)

④ 숨김 지퍼를
단다
※ p.43 참조

왼쪽 앞 스커트
(안)

숨김 지퍼
(안)

⑤ 왼쪽 앞 옆 턱을
그림처럼 접고,
임시로 고정한다

0.5

턱 접는 선

왼쪽 앞 옆 스커트 (겉)

4 벨트를 만든다

① 겉 벨트와 안 벨트를 겉끼리
맞대어 아래 끝을 남겨서 박는다

겉 벨트(겉)

1

1cm 남긴다

안 벨트(안)

1cm 남긴다

모서리를 자른다

1

안 벨트(안)

② 안 벨트 아래 끝을 접는다
③ 겉으로 뒤집는다

5 벨트를 단다

① 스커트와 겉 벨트를
겉끼리 맞대어 박는다

1

겉 벨트(안)

안 벨트(겉)

왼쪽 앞 옆

스커트
(겉)

② 벨트를 세우고
시접을 안으로 넣어서 스티치

0.1

겉 벨트(겉)

스커트
(겉)

6 밑단을 박는다 ※ p.70 참조

7 단춧구멍을 만들고,
단추를 단다

단춧구멍

3

단추

1

앞 스커트
(겉)

뒤 스커트
(겉)

10 _garçon apron_ 가르송 에이프런 a _photo ⇒ p.20_

photo ⇒ p.20

재료 ※프리 사이즈
CHECK & STRIPE 부드러운 리넨(앤티크 화이트)
…120cm 폭×190cm

실물 대형 옷본 ⇒ 없음

앞 스커트, 뒤 스커트,
앞 허리끈, 뒤 허리끈은
재단 배치도 치수로 자른다

완성 치수
옷 길이…68cm

재단 배치도
＊재단 치수는 모두 시접 포함

부드러운 리넨

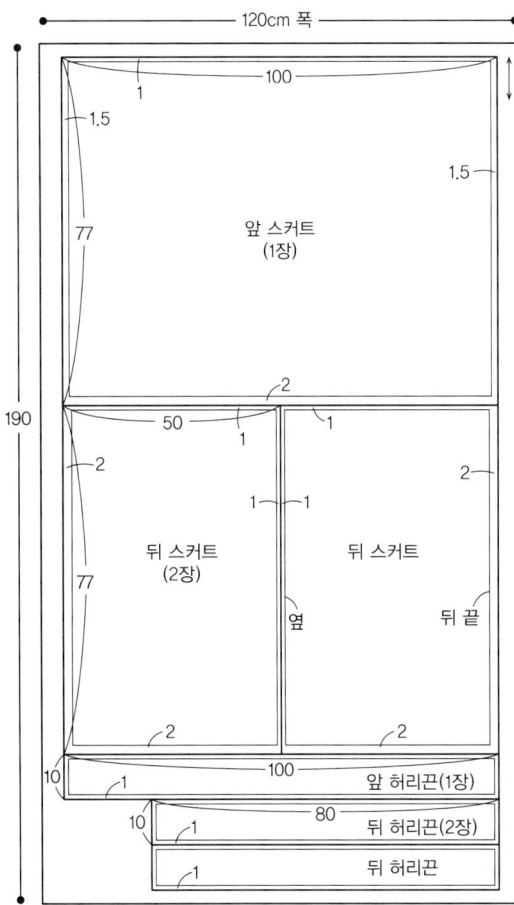

박는 순서

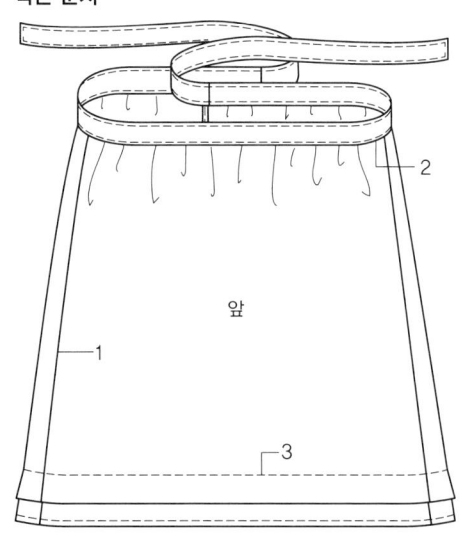

1 스커트를 만든다 ※p.67 참조
2 허리끈을 만들고, 스커트에 단다 ※p.67 참조
3 턱을 박는다

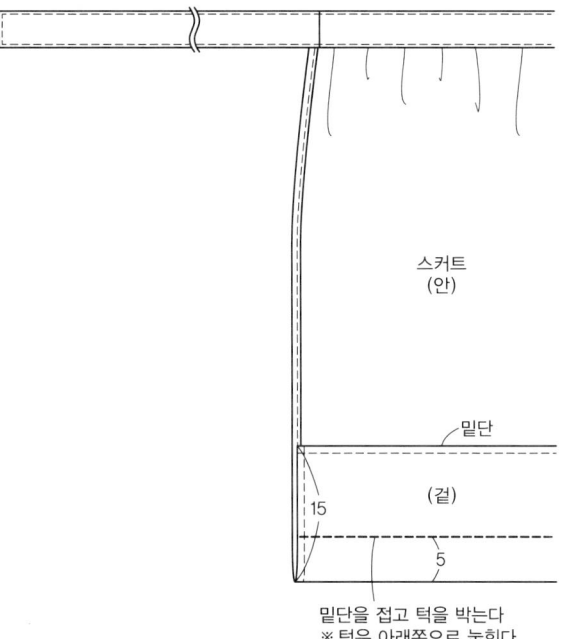

밑단을 접고 턱을 박는다
※턱은 아래쪽으로 눕힌다

10 garçon apron 가르송 에이프런 b　*photo ⇒ p.21*

photo ⇒ p.21

실물 대형 옷본 ⇒ 없음

앞 스커트, 뒤 스커트,
앞 허리끈, 뒤 허리끈은
재단 배치도 치수로 자른다

재료　※프리 사이즈
선세탁 리넨 2컬러 스트라이프(r-162-617)
…140cm 폭×160cm

완성 치수
옷 길이…78cm

재단 배치도
＊재단 치수는 모두 시접 포함

박는 순서

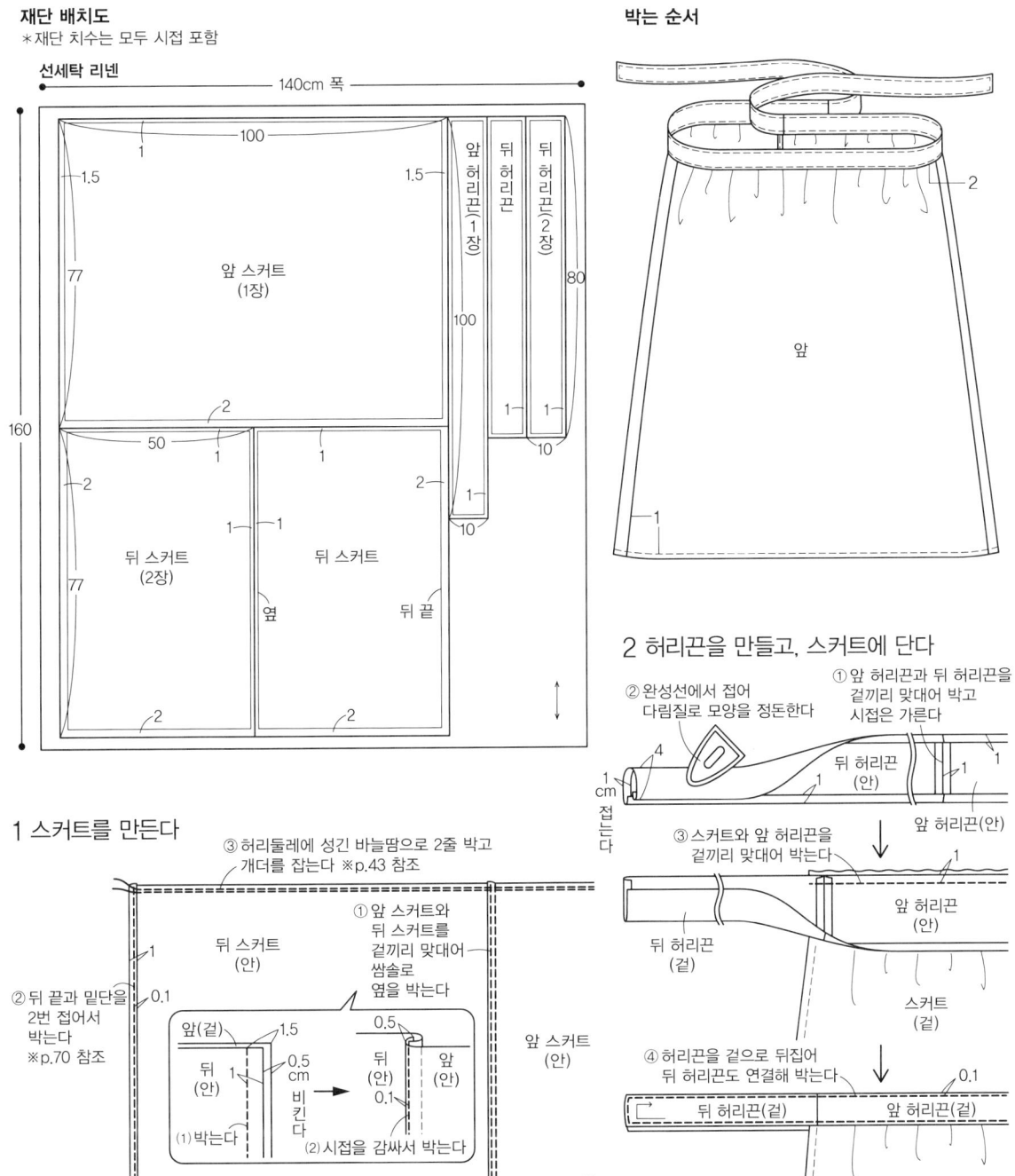

1 스커트를 만든다

2 허리끈을 만들고, 스커트에 단다

11 *lamp* 램프 프릴 칼라 블라우스 *photo ⇒ p.22*
12 *lamp* 램프 프릴 칼라 원피스 *photo ⇒ p.24*

실물 대형 옷본 ⇒ C면
고리, 단추 천은 재단 배치도
치수로 자른다

재료 ※왼쪽부터 S/M/L/LL 사이즈
〈11〉 LIBECO 리파리 스톤 워싱(리넨, 내추럴)
   …140cm 폭×200/200/210/210cm
〈12〉 프렌치 퓨어 리넨 천 무지 2 워싱 가공 퓨어 컬러
   (클라우드 블루)…110cm 폭×380/380/390/390cm
〈공통〉 접착심지…30×50cm, 0.6cm 폭 고무줄…22cm×2개
   지름 1.2cm 싸개 단추…6개

완성 치수
〈11〉 가슴둘레…125/129/134/139cm
   옷 길이…57/57.8/58.5/59.5cm
   소매길이…44/45/46/47cm
〈12〉 가슴둘레…125/129/134/139cm
   옷 길이…117.5cm(공통)
   소매길이…44/45/46/47cm

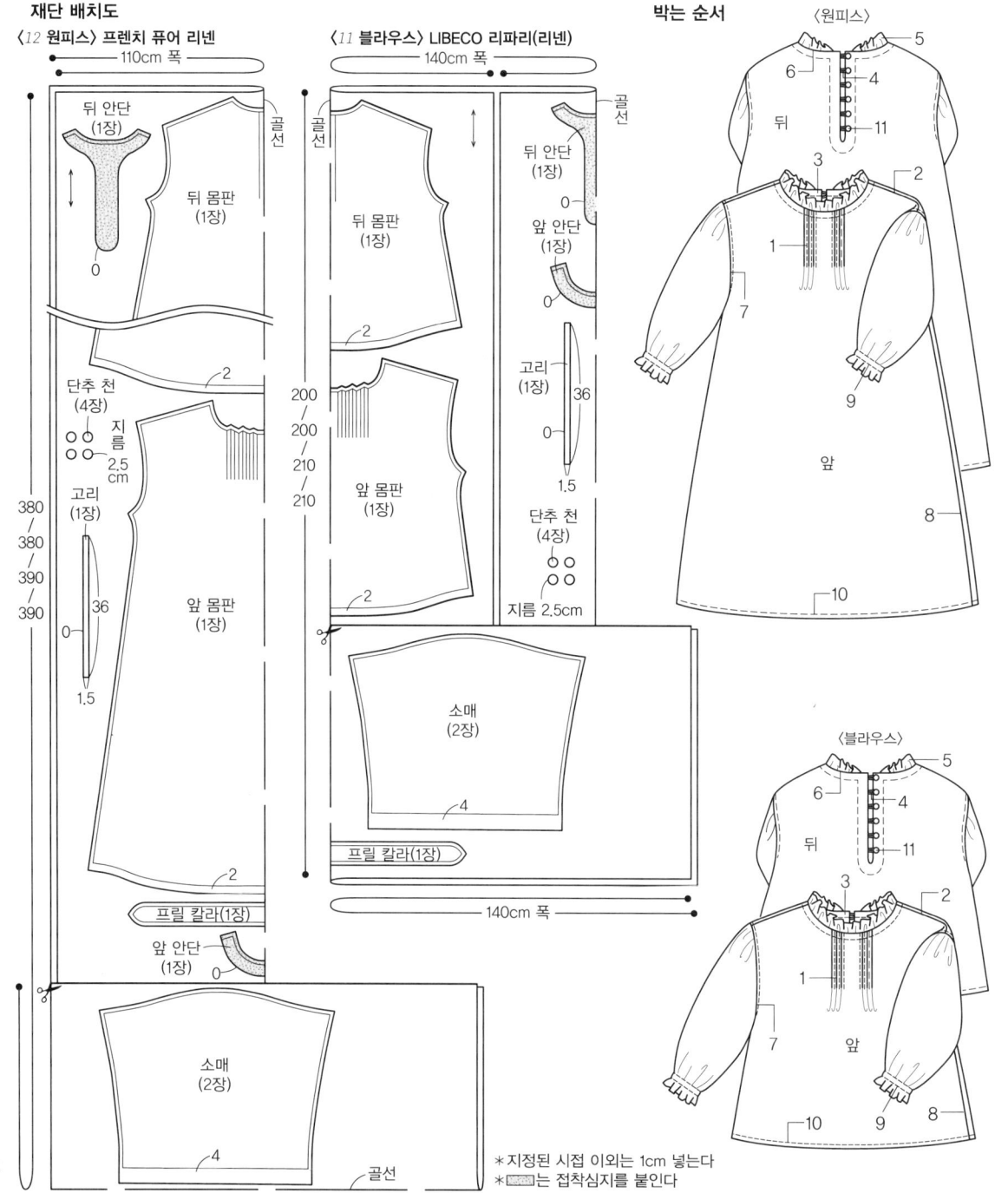

재단 배치도

*지정된 시접 이외는 1cm 넣는다
※▨는 접착심지를 붙인다

1 핀턱을 박는다

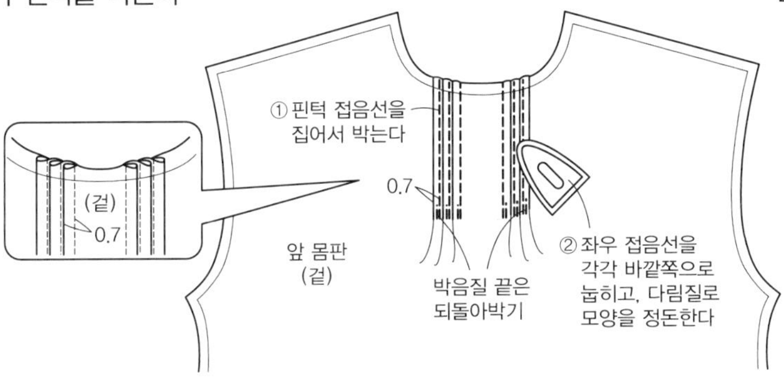

(겉)
0.7

① 핀턱 접음선을
집어서 박는다

0.7

② 좌우 접음선을
각각 바깥쪽으로
눕히고, 다림질로
모양을 정돈한다

앞 몸판
(겉)

박음질 끝은
되돌아박기

2 어깨를 박는다

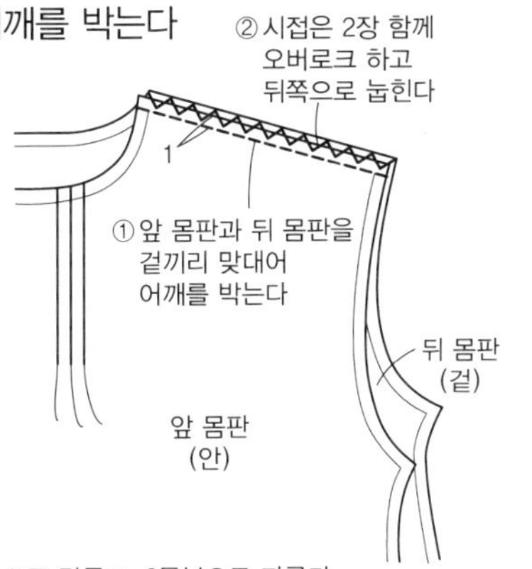

② 시접은 2장 함께
오버로크 하고
뒤쪽으로 눕힌다

1

① 앞 몸판과 뒤 몸판을
겉끼리 맞대어
어깨를 박는다

뒤 몸판
(겉)

앞 몸판
(안)

3 안단을 만든다

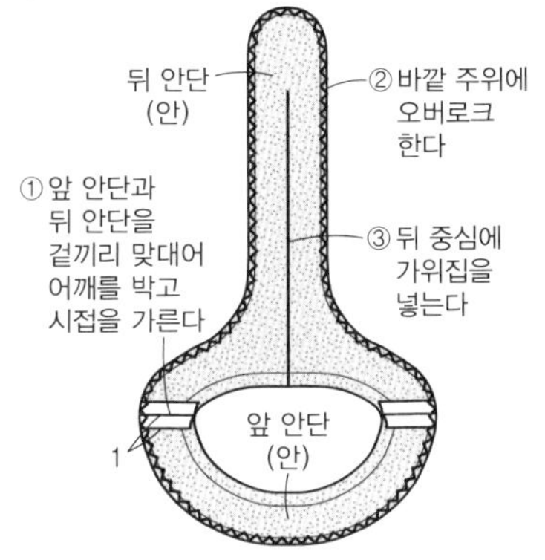

뒤 안단
(안)

② 바깥 주위에
오버로크
한다

① 앞 안단과
뒤 안단을
겉끼리 맞대어
어깨를 박고
시접을 가른다

③ 뒤 중심에
가위집을
넣는다

앞 안단
(안)

1

4 고리를 만든다 ※ p.43을 참조해 0.3cm 폭으로 만들고, 6등분으로 자른다

5 프릴 칼라를 만든다

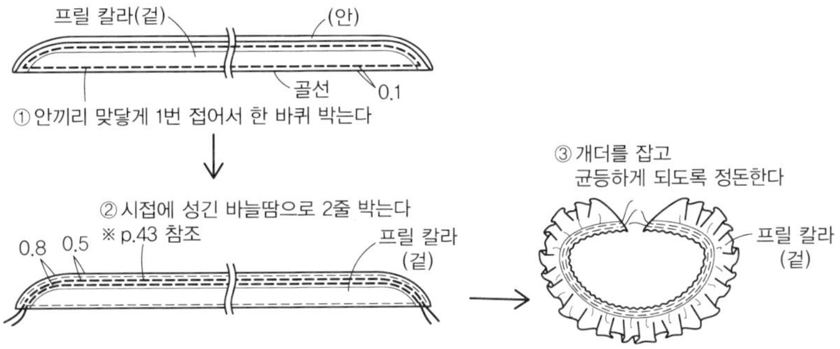

프릴 칼라(겉)
(안)
골선
0.1

① 안끼리 맞닿게 1번 접어서 한 바퀴 박는다

② 시접에 성긴 바늘땀으로 2줄 박는다
※ p.43 참조

0.8 0.5
프릴 칼라
(겉)

③ 개더를 잡고
균등하게 되도록 정돈한다

프릴 칼라
(겉)

6 목둘레를 마무리한다

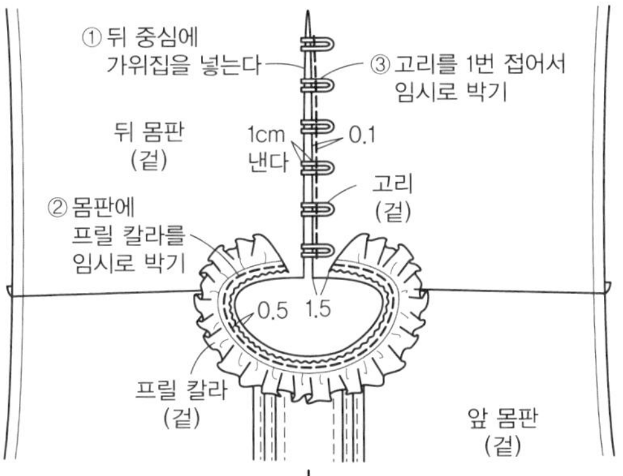

① 뒤 중심에
가위집을 넣는다

③ 고리를 1번 접어서
임시로 박기

뒤 몸판
(겉)

1cm
낸다

0.1

고리
(겉)

② 몸판에
프릴 칼라를
임시로 박기

0.5 1.5

프릴 칼라
(겉)

앞 몸판
(겉)

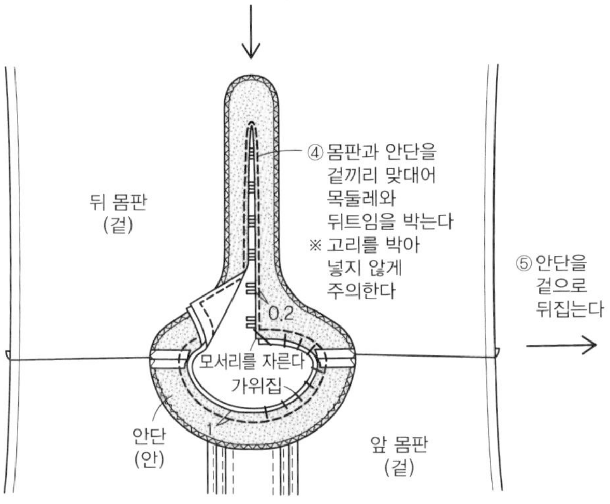

뒤 몸판
(겉)

④ 몸판과 안단을
겉끼리 맞대어
목둘레와
뒤트임을 박는다
※ 고리를 박아
넣지 않게
주의한다

0.2

모서리를 자른다
가위집

안단
(안)

1

앞 몸판
(겉)

⑤ 안단을
겉으로
뒤집는다

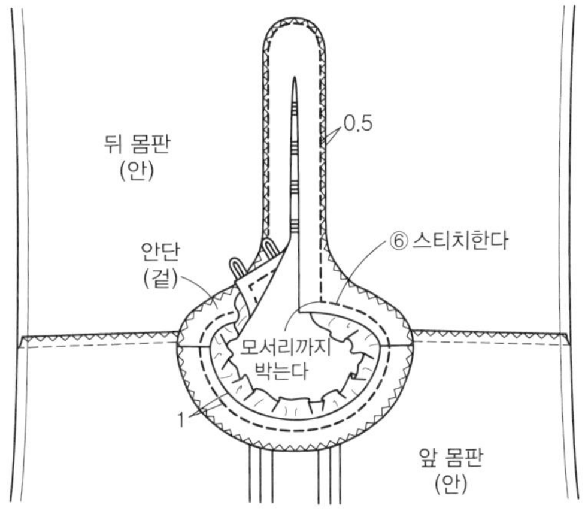

뒤 몸판
(안)

0.5

안단
(겉)

⑥ 스티치한다

모서리까지
박는다

1

앞 몸판
(안)

69

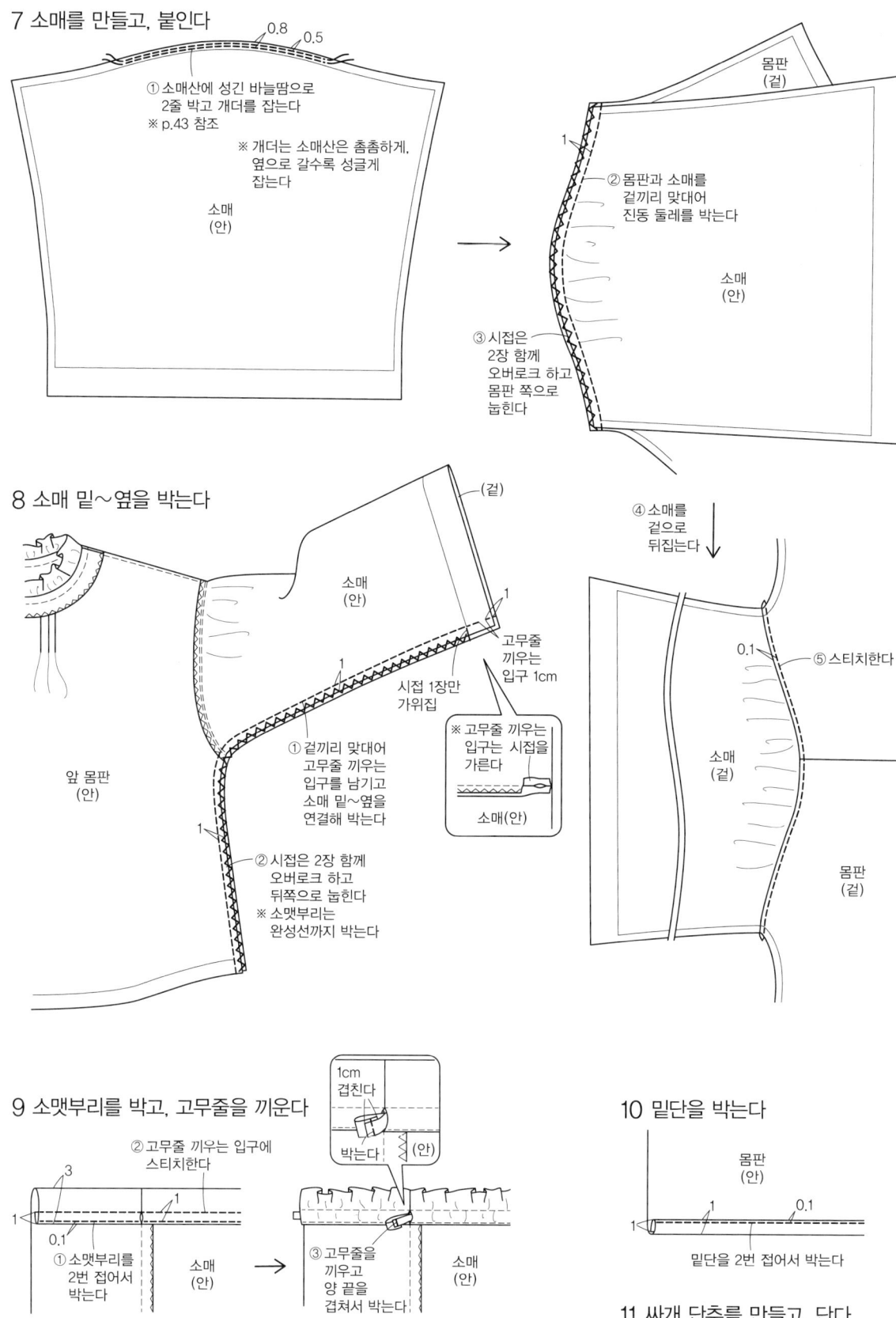

7 소매를 만들고, 붙인다

0.8 0.5

① 소매산에 성긴 바늘땀으로
2줄 박고 개더를 잡는다
※ p.43 참조

※ 개더는 소매산은 촘촘하게,
옆으로 갈수록 성글게
잡는다

소매
(안)

몸판
(겉)

1

② 몸판과 소매를
겉끼리 맞대어
진동 둘레를 박는다

소매
(안)

③ 시접은
2장 함께
오버로크 하고
몸판 쪽으로
눕힌다

④ 소매를
겉으로
뒤집는다

0.1

⑤ 스티치한다

소매
(겉)

몸판
(겉)

8 소매 밑~옆을 박는다

(겉)

소매
(안)

1

고무줄
끼우는
입구 1cm

시접 1장만
가위집

※ 고무줄 끼우는
입구는 시접을
가른다

소매(안)

앞 몸판
(안)

1

① 겉끼리 맞대어
고무줄 끼우는
입구를 남기고
소매 밑~옆을
연결해 박는다

1

② 시접은 2장 함께
오버로크 하고
뒤쪽으로 눕힌다
※ 소맷부리는
완성선까지 박는다

9 소맷부리를 박고, 고무줄을 끼운다

② 고무줄 끼우는 입구에
스티치한다

3

1

0.1

1

① 소맷부리를
2번 접어서
박는다

소매
(안)

1cm
겹친다

박는다

(안)

③ 고무줄을
끼우고
양 끝을
겹쳐서 박는다

소매
(안)

10 밑단을 박는다

몸판
(안)

1

0.1

1

밑단을 2번 접어서 박는다

11 싸개 단추를 만들고, 단다

70

15 *balloon* 벌룬 벌룬 스커트 *photo ⇒ p.28*

실물 대형 옷본 ⇒ D면
겉 앞 스커트, 겉 뒤 스커트,
안 앞 스커트, 안 뒤 스커트는
재단 배치도 치수로 자른다

재료　※왼쪽부터 S/M/L/LL 사이즈
Pres-de 오리지널 국산 더블 거즈 천　무지　루시올 자연 건조풍
가공(그레이시 퍼플)…106cm 폭×240/240/250/250cm
코튼 프린트…110cm 폭×130/130/140/140cm
접착심지…80×30cm
2cm 폭 평고무줄…29/30/32/34cm
지름 1.5cm 단추…4개

완성 치수
허리둘레(고무줄 없이)…94/98/103/108cm
스커트 길이…79.5/79.5/80.5/81.5cm

재단 배치도
＊지정된 시접 이외는 1cm 넣는다
＊░░는 접착심지를 붙인다

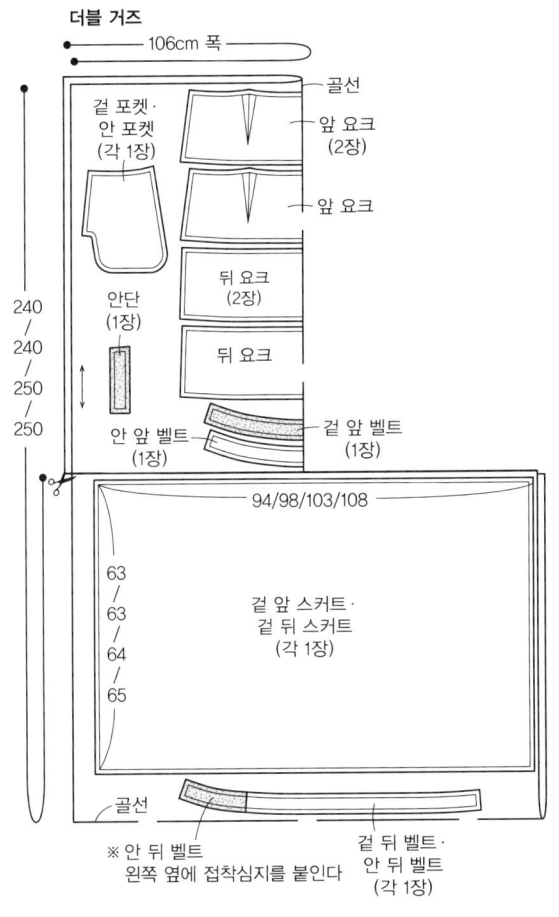

더블 거즈

106cm 폭

겉 포켓·
안 포켓
(각 1장)

골선

앞 요크
(2장)

앞 요크

뒤 요크
(2장)

안단
(1장)

뒤 요크

240
/
240
/
250
/
250

안 앞 벨트
(1장)

겉 앞 벨트
(1장)

94/98/103/108

63
/
63
/
64
/
65

겉 앞 스커트·
겉 뒤 스커트
(각 1장)

골선

※ 안 뒤 벨트
왼쪽 옆에 접착심지를 붙인다

겉 뒤 벨트·
안 뒤 벨트
(각 1장)

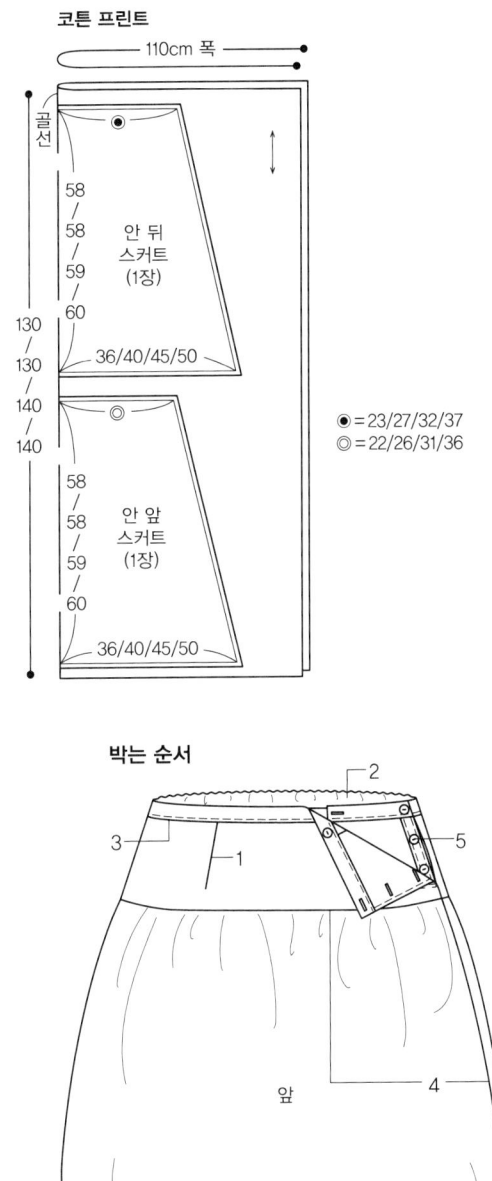

코튼 프린트

110cm 폭

골선

58
/
58
/
59
/
60

안 뒤
스커트
(1장)

130
/
130
/
140
/
140

36/40/45/50

58
/
58
/
59
/
60

안 앞
스커트
(1장)

36/40/45/50

●=23/27/32/37
◎=22/26/31/36

박는 순서

앞

71

1 요크를 만든다

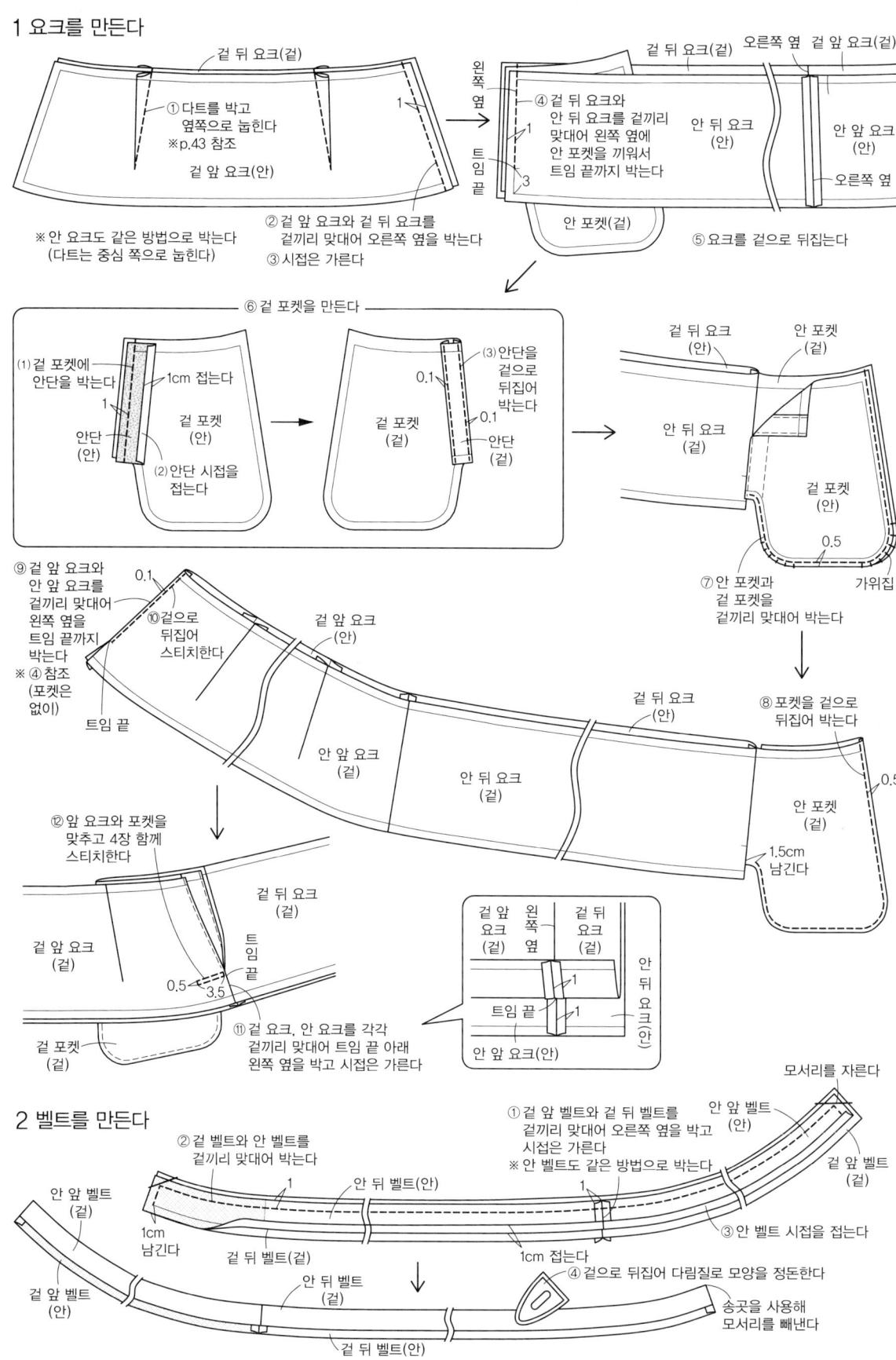

겉 뒤 요크(겉)

① 다트를 박고
옆쪽으로 눕힌다
※p.43 참조

겉 앞 요크(안)

※ 안 요크도 같은 방법으로 박는다
(다트는 중심 쪽으로 눕힌다)

② 겉 앞 요크와 겉 뒤 요크를
겉끼리 맞대어 오른쪽 옆을 박는다
③ 시접은 가른다

겉 뒤 요크(겉)   오른쪽 옆   겉 앞 요크(겉)

왼쪽
옆

④ 겉 뒤 요크와
안 뒤 요크를 겉끼리
맞대어 왼쪽 옆에
안 포켓을 끼워서
트임 끝까지 박는다

안 뒤 요크
(안)

안 앞 요크
(안)

오른쪽 옆

트임 끝

안 포켓(겉)

⑤ 요크를 겉으로 뒤집는다

⑥ 겉 포켓을 만든다

(1) 겉 포켓에
안단을 박는다

1cm 접는다

겉 포켓
(안)

안단
(안)

(2) 안단 시접을
접는다

(3) 안단을
겉으로
뒤집어
박는다

0.1

겉 포켓
(겉)

0.1

안단
(겉)

겉 뒤 요크
(안)

안 포켓
(겉)

안 뒤 요크
(안)

겉 포켓
(안)

0.5

⑦ 안 포켓과
겉 포켓을
겉끼리 맞대어 박는다

가위집

⑨ 겉 앞 요크와
안 앞 요크를
겉끼리 맞대어
왼쪽 옆을
트임 끝까지
박는다
※ ④ 참조
(포켓은
없이)

트임 끝

0.1

⑩ 겉으로
뒤집어
스티치한다

겉 앞 요크
(안)

안 앞 요크
(겉)

겉 뒤 요크
(안)

안 뒤 요크
(겉)

안 포켓
(겉)

0.5

⑧ 포켓을 겉으로
뒤집어 박는다

1.5cm
남긴다

⑫ 앞 요크와 포켓을
맞추고 4장 함께
스티치한다

겉 앞 요크
(겉)

겉 뒤 요크
(겉)

트임
끝

0.5
3.5

겉 포켓
(겉)

⑪ 겉 요크, 안 요크를 각각
겉끼리 맞대어 트임 끝 아래
왼쪽 옆을 박고 시접은 가른다

겉 앞
요크
(겉)

왼
쪽
옆

겉 뒤
요크
(겉)

안
뒤
요
크
(안)

트임 끝   1

안 앞 요크(안)

1

2 벨트를 만든다

② 겉 벨트와 안 벨트를
겉끼리 맞대어 박는다

안 앞 벨트
(겉)

1cm
남긴다

겉 뒤 벨트(겉)

안 뒤 벨트(안)

안 뒤 벨트
(겉)

① 겉 앞 벨트와 겉 뒤 벨트를
겉끼리 맞대어 오른쪽 옆을 박고
시접은 가른다
※ 안 벨트도 같은 방법으로 박는다

모서리를 자른다

안 앞 벨트
(겉)

겉 앞 벨트
(겉)

③ 안 벨트 시접을 접는다

1cm 접는다

④ 겉으로 뒤집어 다림질로 모양을 정돈한다

겉 앞 벨트
(안)

안 뒤 벨트
(겉)

겉 뒤 벨트(안)

송곳을 사용해
모서리를 빼낸다

3 벨트를 단다

① 겉 요크와 겉 벨트를
겉끼리 맞대어 박는다

② 시접은
벨트 쪽으로 눕힌다

④ 고무줄을 끼우고
양 끝을 박아서 고정한다

③ 벨트를 세우고
뒤 요크만 박는다

⑤ 남은 벨트도 박는다

안 앞 요크(겉)
안 뒤 요크 (겉)
겉 벨트(안)
안 벨트 (겉)
겉 앞 요크 (겉)
겉 뒤 요크 (겉)
겉 포켓 (겉)
고무줄
안 벨트(겉)
안 뒤 요크 (겉)
안 포켓 (겉)
안 뒤 요크(겉)
안 포켓(겉)

4 스커트를 만들고, 요크를 붙인다

① 겉 앞 스커트와
겉 뒤 스커트를
겉끼리 맞대어
옆을 박고
시접은 가른다
※ 안 스커트도 같은
방법으로 박는다

② 겉 스커트 위쪽과 밑단에
성긴 바늘땀으로 2줄 박는다
※p.43 참조

③ 겉 스커트 밑단에 개더를 잡고
안 스커트와 겉끼리 맞대어 밑단을 박는다

④ 시접은 안 스커트 쪽으로
눕히고 겉으로 뒤집는다

⑤ 겉에서 스티치한다

겉 앞 스커트 (안)
겉 뒤 스커트 (안)
안 앞 스커트 (안)
안 뒤 스커트 (안)
밑단
안 스커트 (겉)
밑단
겉 스커트 (겉)

⑥ 안 스커트와 안 요크를
겉끼리 맞대어 창구멍을 남기고 박고,
시접은 요크 쪽으로 눕힌다
※ 포켓은 비킨다

⑦ 겉 스커트와 겉 요크도 ⑥과 같은 방법으로 박는다
(겉 스커트는 개더를 잡고, 창구멍은 없이)

⑧ 겉으로 뒤집고 창구멍을 손바느질로 막는다

안 요크 (안)
겉 요크 (겉)
창구멍 10cm
안 스커트 (겉)
밑단
겉 스커트 (겉)

5 단춧구멍을 만들고, 단추를 단다

단춧구멍
단추
겉 포켓 (겉)
겉 앞 요크 (겉)
겉 뒤 요크 (겉)
겉 앞 스커트 (겉)
겉 뒤 스커트 (겉)

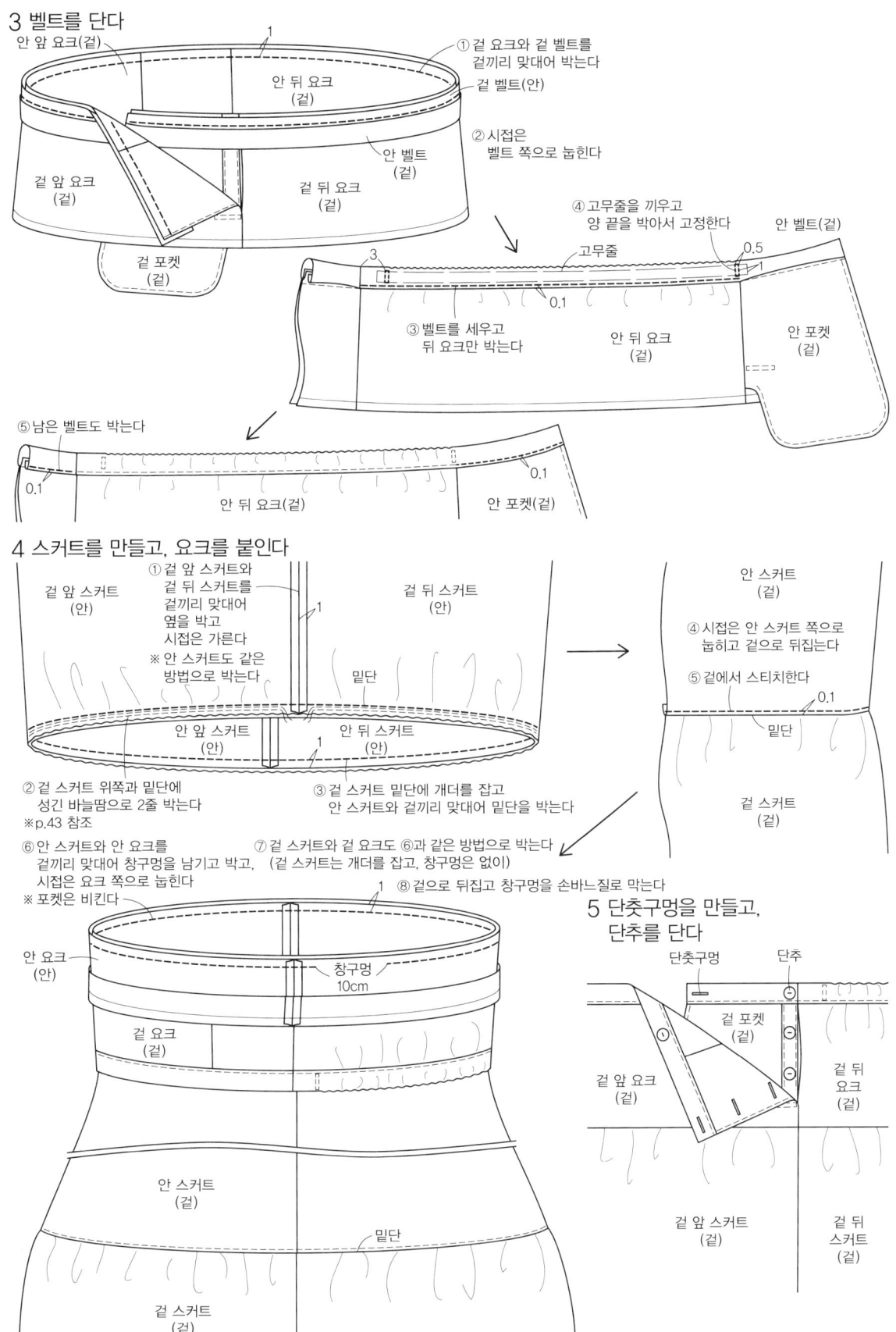

13 *sister apron* 시스터 에이프런 *photo ⇒ p.25*

photo ⇒ p.25

실물 대형 옷본 ⇒ C면
스커트는 재단 배치도 치수로 자른다

재료 ※왼쪽부터 S/M/L/LL 사이즈
LIBECO 모나코(리넨, 옵티컬 화이트)
…약 133~136cm 폭×210/210/220/220cm
접착심지…15×110cm
지름 1.6cm 단추…3개
1.2cm 폭 양쪽 접힌 바이어스테이프…210cm

완성 치수
옷 길이(SNP)…106.5/108/109.5/111cm
허리둘레…85/88/93/98cm

재단 배치도
＊지정된 시접 이외는 1cm 넣는다
＊▨는 접착심지를 붙인다

LIBECO 모나코

박는 순서

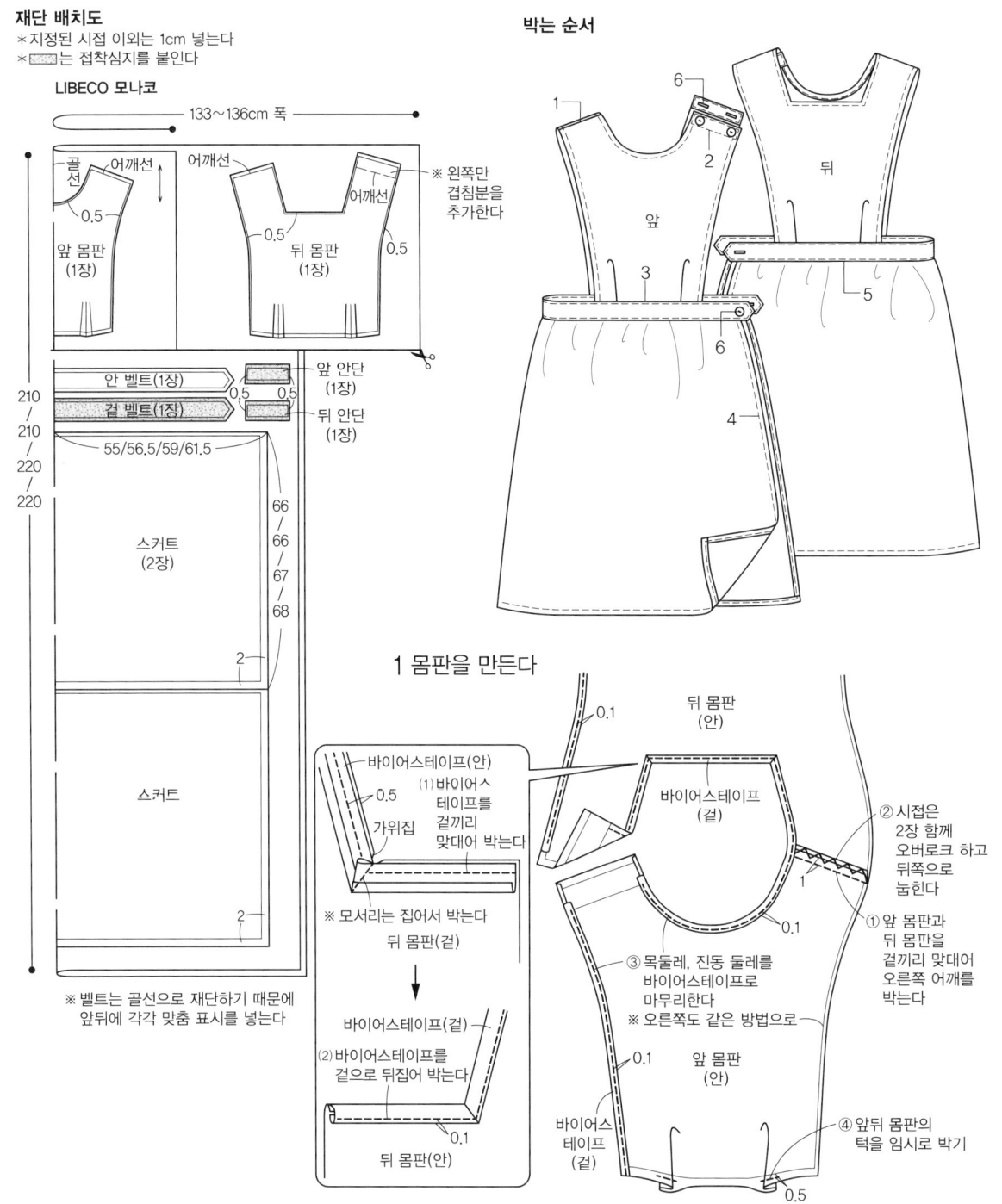

골선 어깨선   어깨선
0.5
앞 몸판(1장)   뒤 몸판(1장)   0.5
※왼쪽만 겹침분을 추가한다
0.5   0.5

안 벨트(1장)   앞 안단(1장)
0.5   0.5
겉 벨트(1장)   뒤 안단(1장)

210/210/220/220

55/56.5/59/61.5

스커트(2장)

66/66/67/68

2

스커트

2

※벨트는 골선으로 재단하기 때문에
앞뒤에 각각 맞춤 표시를 넣는다

1 몸판을 만든다

바이어스테이프(안)
0.5
가위집
(1)바이어스테이프를 겉끼리 맞대어 박는다
※모서리는 집어서 박는다
뒤 몸판(겉)

바이어스테이프(겉)
(2)바이어스테이프를 겉으로 뒤집어 박는다
0.1
뒤 몸판(안)

뒤 몸판(안)
0.1
바이어스테이프(겉)

②시접은 2장 함께 오버로크 하고 뒤쪽으로 눕힌다
①앞 몸판과 뒤 몸판을 겉끼리 맞대어 오른쪽 어깨를 박는다

③목둘레, 진동 둘레를 바이어스테이프로 마무리한다
※오른쪽도 같은 방법으로
0.1

앞 몸판(안)
바이어스테이프(겉)
0.5

④앞뒤 몸판의 턱을 임시로 박기

74

2 안단을 붙인다

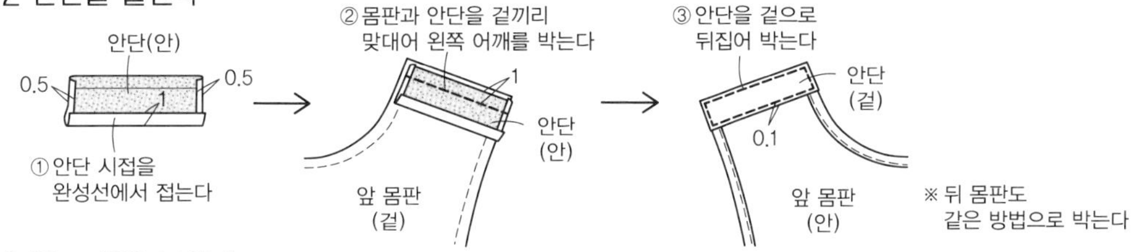

안단(안)

0.5 0.5

1

① 안단 시접을
완성선에서 접는다

→

② 몸판과 안단을 겉끼리
맞대어 왼쪽 어깨를 박는다

1

안단
(안)

앞 몸판
(겉)

→

③ 안단을 겉으로
뒤집어 박는다

안단
(겉)

0.1

앞 몸판
(안)

※ 뒤 몸판도
같은 방법으로 박는다

3 벨트 천을 붙인다

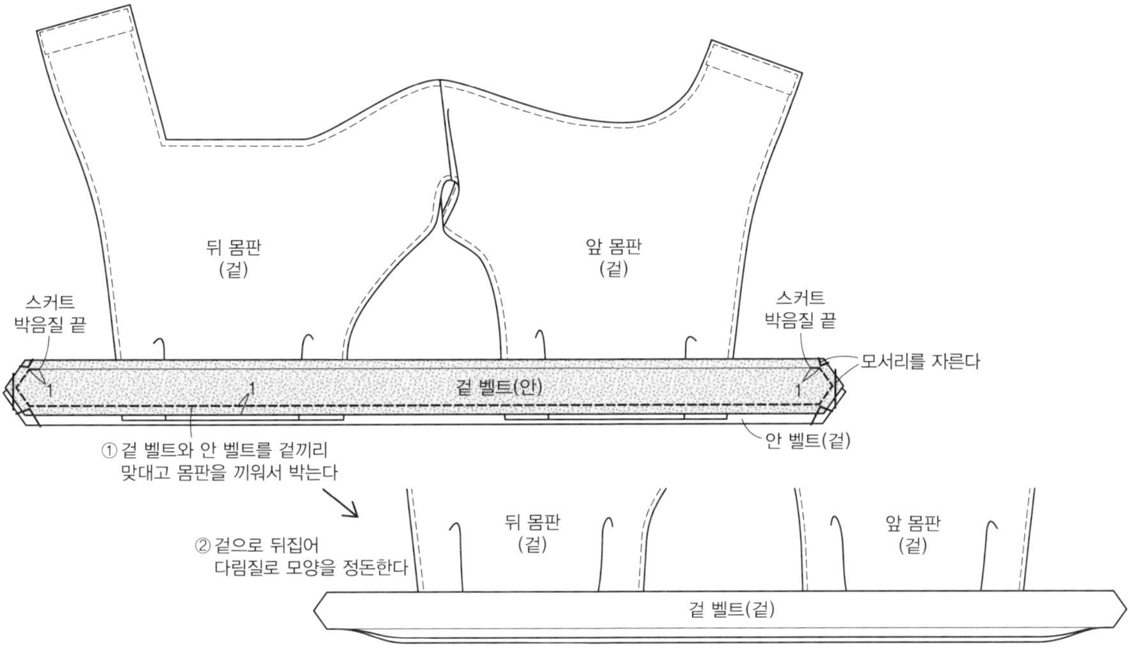

뒤 몸판
(겉)

앞 몸판
(겉)

스커트
박음질 끝

스커트
박음질 끝

모서리를 자른다

1

겉 벨트(안)

1

1

안 벨트(겉)

① 겉 벨트와 안 벨트를 겉끼리
맞대고 몸판을 끼워서 박는다

② 겉으로 뒤집어
다림질로 모양을 정돈한다

뒤 몸판
(겉)

앞 몸판
(겉)

겉 벨트(겉)

4 스커트를 만든다

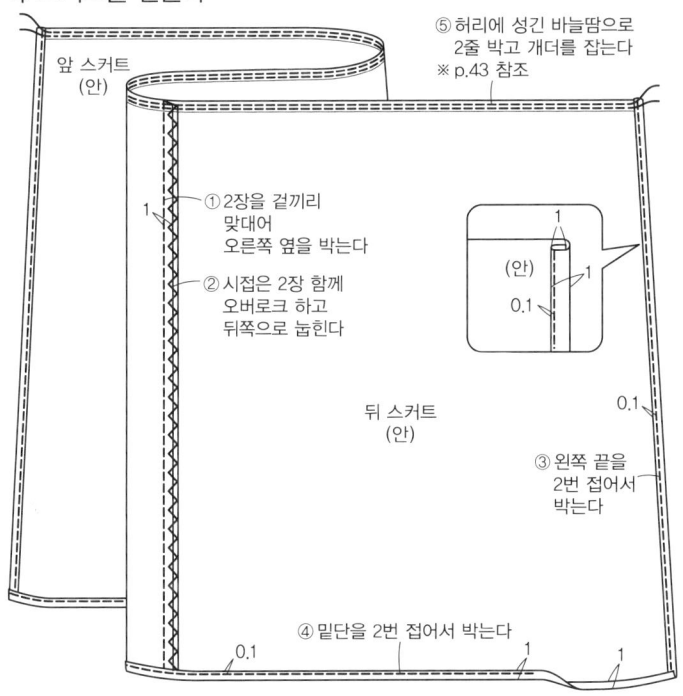

앞 스커트
(안)

⑤ 허리에 성긴 바늘땀으로
2줄 박고 개더를 잡는다
※ p.43 참조

1

① 2장을 겉끼리
맞대어
오른쪽 옆을 박는다

② 시접은 2장 함께
오버로크 하고
뒤쪽으로 눕힌다

뒤 스커트
(안)

1

1

(안)

0.1

0.1

③ 왼쪽 끝을
2번 접어서
박는다

④ 밑단을 2번 접어서 박는다

0.1

1

1

5 스커트를 붙인다

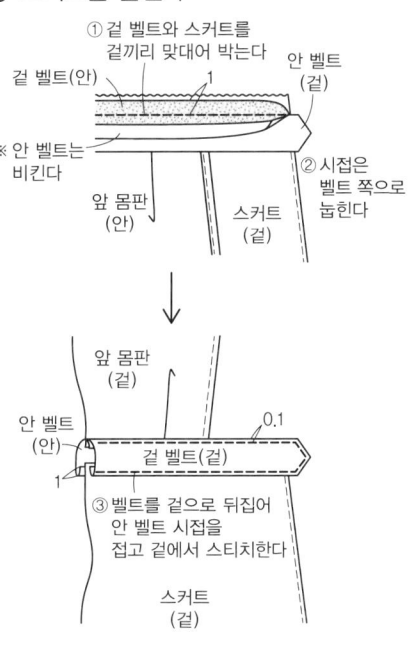

① 겉 벨트와 스커트를
겉끼리 맞대어 박는다

겉 벨트(안)

안 벨트
(겉)

※ 안 벨트는
비킨다

앞 몸판
(안)

스커트
(겉)

② 시접은
벨트 쪽으로
눕힌다

↓

앞 몸판
(겉)

안 벨트
(안)

겉 벨트(겉)

0.1

1

③ 벨트를 겉으로 뒤집어
안 벨트 시접을
접고 겉에서 스티치한다

스커트
(겉)

6 왼쪽 어깨와 벨트에 단춧구멍을
만들고, 단추를 단다

14 *écru* 에크뤼 스탠드 칼라 셔츠 *photo ⇒ p.26*

실물 대형 옷본 ⇒ C면

밑단 바이어스 천, 고리 천,
단추 천은 재단 배치도 치수로 자른다

재료　※왼쪽부터 S/M/L/LL 사이즈
세탁한 내추럴 평직 리넨 울 1/60번수(원사)
…110cm 폭×250/250/250/250cm
리넨(블랙)…110cm 폭×50cm ※ 모든 사이즈 공통
접착심지…50×20cm
싸개 단추(볼록 타입)…지름 1cm×높이 0.8cm×4개

완성 치수
가슴둘레…108/112/117/122cm
옷 길이…61cm(공통)
소매길이…46cm(공통)

재단 배치도
＊지정된 시접 이외는 1cm 넣는다
＊▨는 접착심지를 붙인다

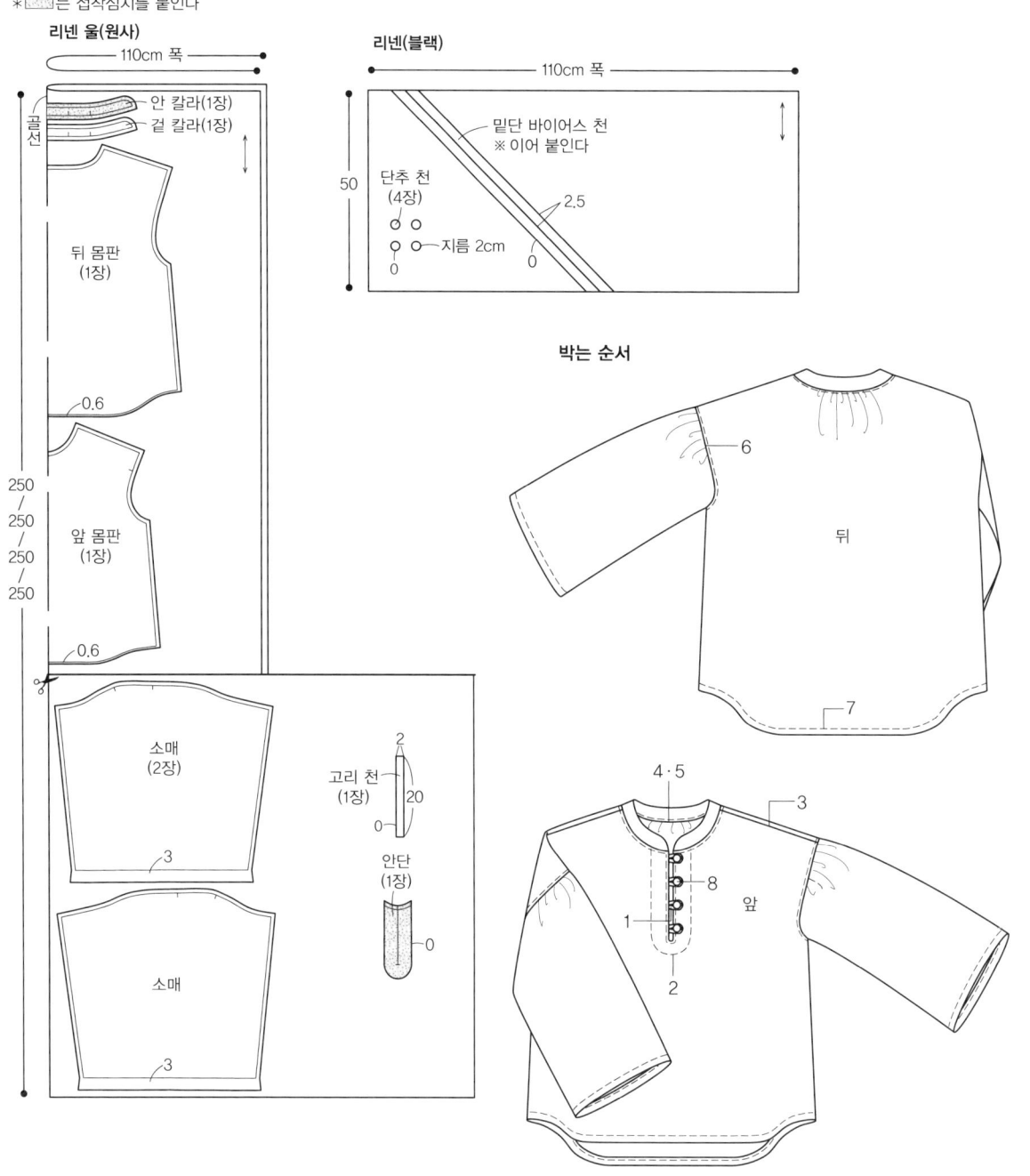

리넨 울(원사)
110cm 폭
안 칼라(1장)
겉 칼라(1장)
골선
뒤 몸판(1장)
0.6
250/250/250/250
앞 몸판(1장)
0.6
소매(2장)
3
소매
3

리넨(블랙)
110cm 폭
밑단 바이어스 천
※ 이어 붙인다
단추 천(4장)
2.5
지름 2cm
0
50
0

고리 천(1장)
2
20
0

안단(1장)
0

박는 순서
뒤
6
7

4·5
3
8
앞
1
2

76

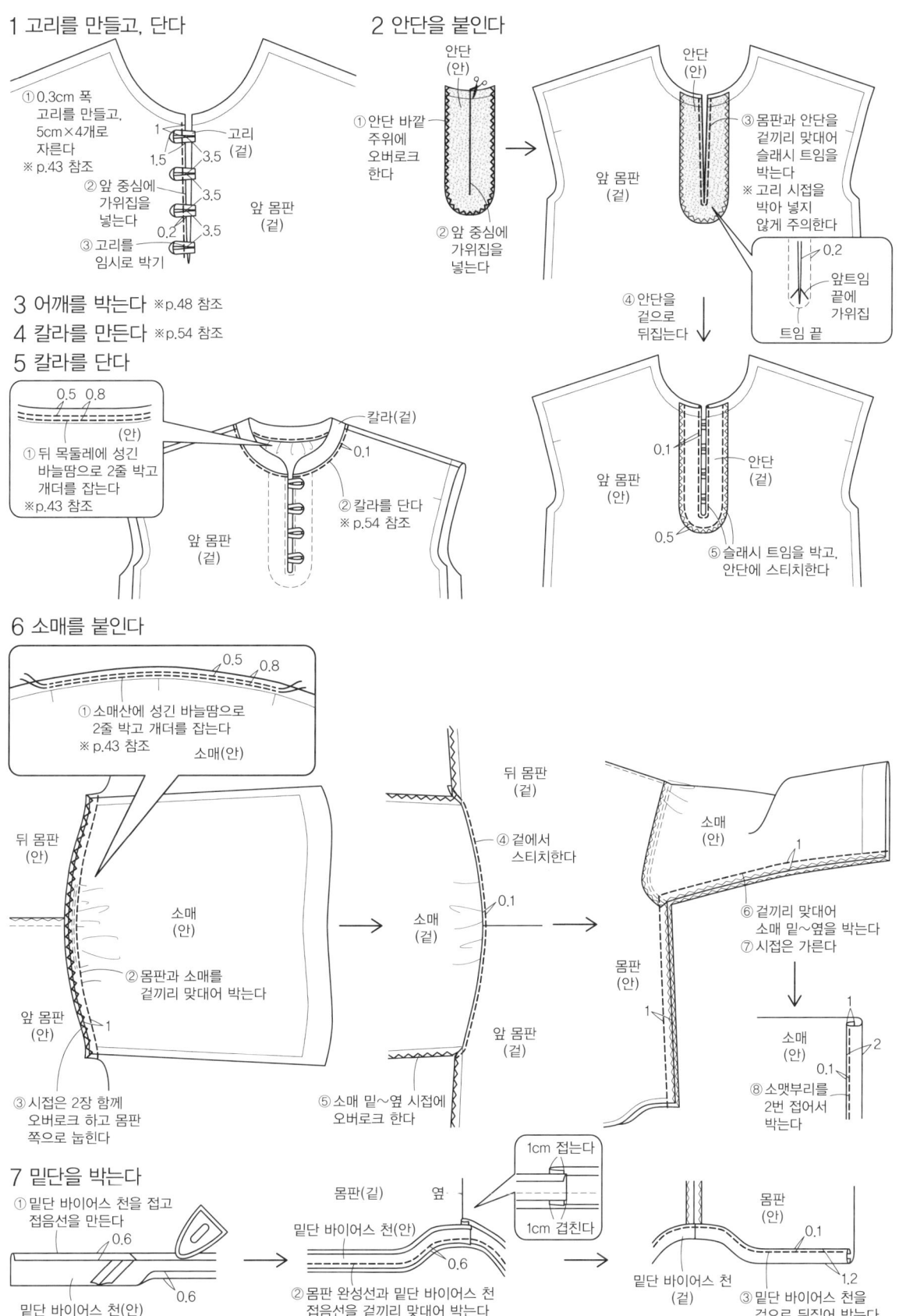

1 고리를 만들고, 단다

① 0.3cm 폭 고리를 만들고, 5cm×4개로 자른다
※ p.43 참조

② 앞 중심에 가위집을 넣는다

③ 고리를 임시로 박기

1
1.5
3.5
3.5
3.5
0.2
3.5

고리(겉)
앞 몸판(겉)

2 안단을 붙인다

① 안단 바깥 주위에 오버로크 한다

② 앞 중심에 가위집을 넣는다

안단(안)

③ 몸판과 안단을 겉끼리 맞대어 슬래시 트임을 박는다
※ 고리 시접을 박아 넣지 않게 주의한다

안단(안)
앞 몸판(겉)

0.2
앞트임 끝에 가위집
트임 끝

④ 안단을 겉으로 뒤집는다

0.1
안단(겉)
앞 몸판(안)
0.5

⑤ 슬래시 트임을 박고, 안단에 스티치한다

3 어깨를 박는다 ※p.48 참조

4 칼라를 만든다 ※p.54 참조

5 칼라를 단다

0.5 0.8
(안)

① 뒤 목둘레에 성긴 바늘땀으로 2줄 박고 개더를 잡는다
※ p.43 참조

칼라(겉)
0.1

② 칼라를 단다
※ p.54 참조

앞 몸판(겉)

6 소매를 붙인다

0.5 0.8

① 소매산에 성긴 바늘땀으로 2줄 박고 개더를 잡는다
※ p.43 참조

소매(안)

뒤 몸판(안)

② 몸판과 소매를 겉끼리 맞대어 박는다

소매(안)

앞 몸판(안)
1

③ 시접은 2장 함께 오버로크 하고 몸판 쪽으로 눕힌다

④ 겉에서 스티치한다

뒤 몸판(겉)

소매(겉)
0.1

⑤ 소매 밑~옆 시접에 오버로크 한다

앞 몸판(겉)

소매(안)
1

몸판(안)
1

⑥ 겉끼리 맞대어 소매 밑~옆을 박는다
⑦ 시접은 가른다

소매(안)
1
2
0.1

⑧ 소맷부리를 2번 접어서 박는다

7 밑단을 박는다

① 밑단 바이어스 천을 접고 접음선을 만든다

0.6
0.6
밑단 바이어스 천(안)

몸판(겉)
옆

1cm 접는다
1cm 겹친다

밑단 바이어스 천(안)
0.6

② 몸판 완성선과 밑단 바이어스 천 접음선을 겉끼리 맞대어 박는다

몸판(안)
0.1
1.2

밑단 바이어스 천(겉)

③ 밑단 바이어스 천을 겉으로 뒤집어 박는다

8 싸개 단추를 만들고, 단다

19 *poncho* 판초 후드 판초 *photo ⇒ p.34*

실물 대형 옷본 ⇒ D면
앞 몸판, 뒤 몸판은
재단 배치도 치수로 자른다

재료 ※프리 사이즈
폴리에스테르/레이온 멜턴 플리스(아이보리 1)
…152cm 폭×200cm
길이 5.5cm 토글 단추…3개
0.5cm 폭 인조가죽 평끈(검정)…22cm×6개
3cm 폭 바인딩 테이프(울 니트 바인딩 테이프)…780cm
1.2cm 폭 양쪽 접힌 바이어스테이프…120cm

완성 치수
옷 길이…69cm

재단 배치도
＊지정된 시접 이외는 1cm 넣는다

멜턴 플리스

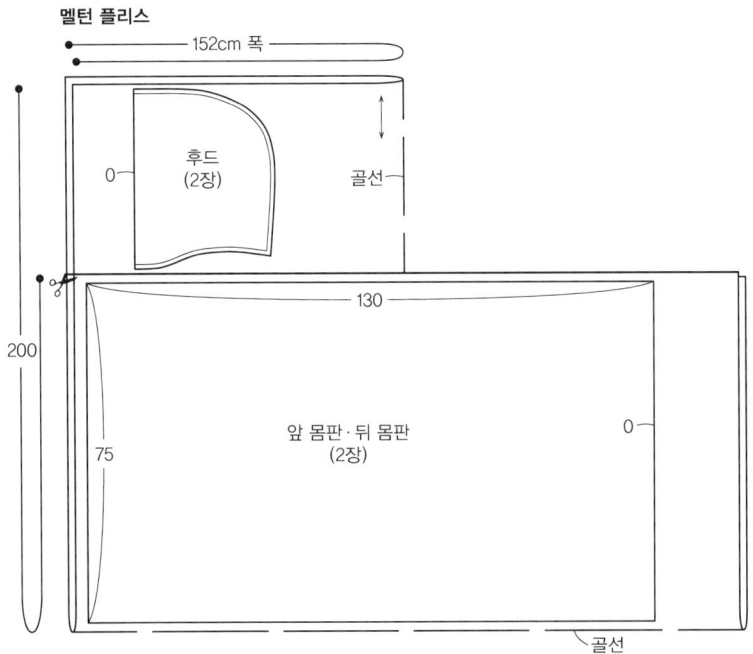

박는 순서

1 목둘레를 자른다

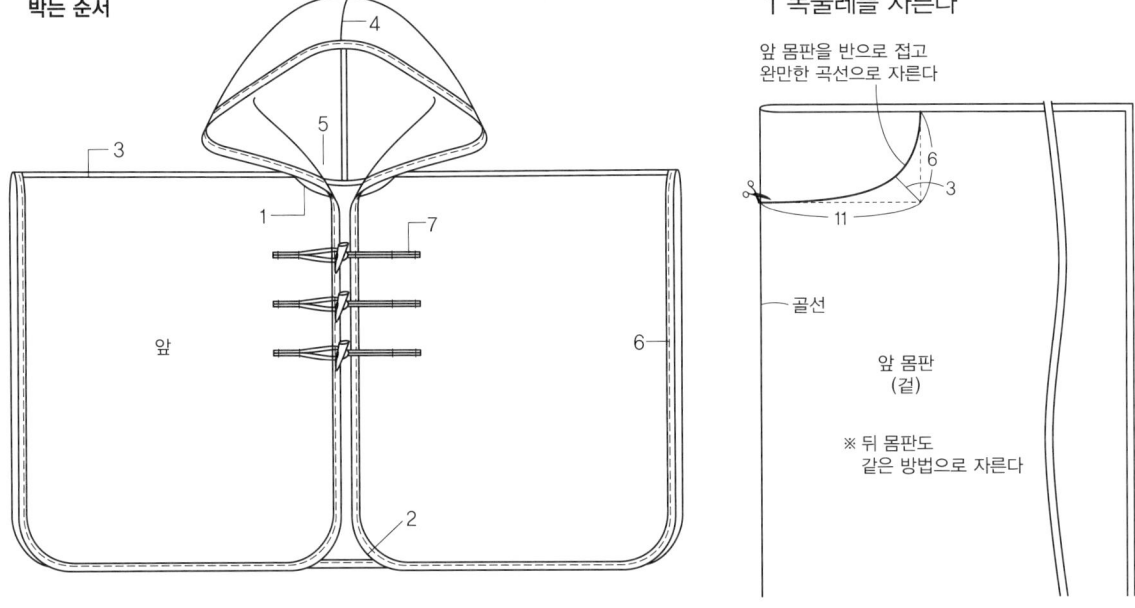

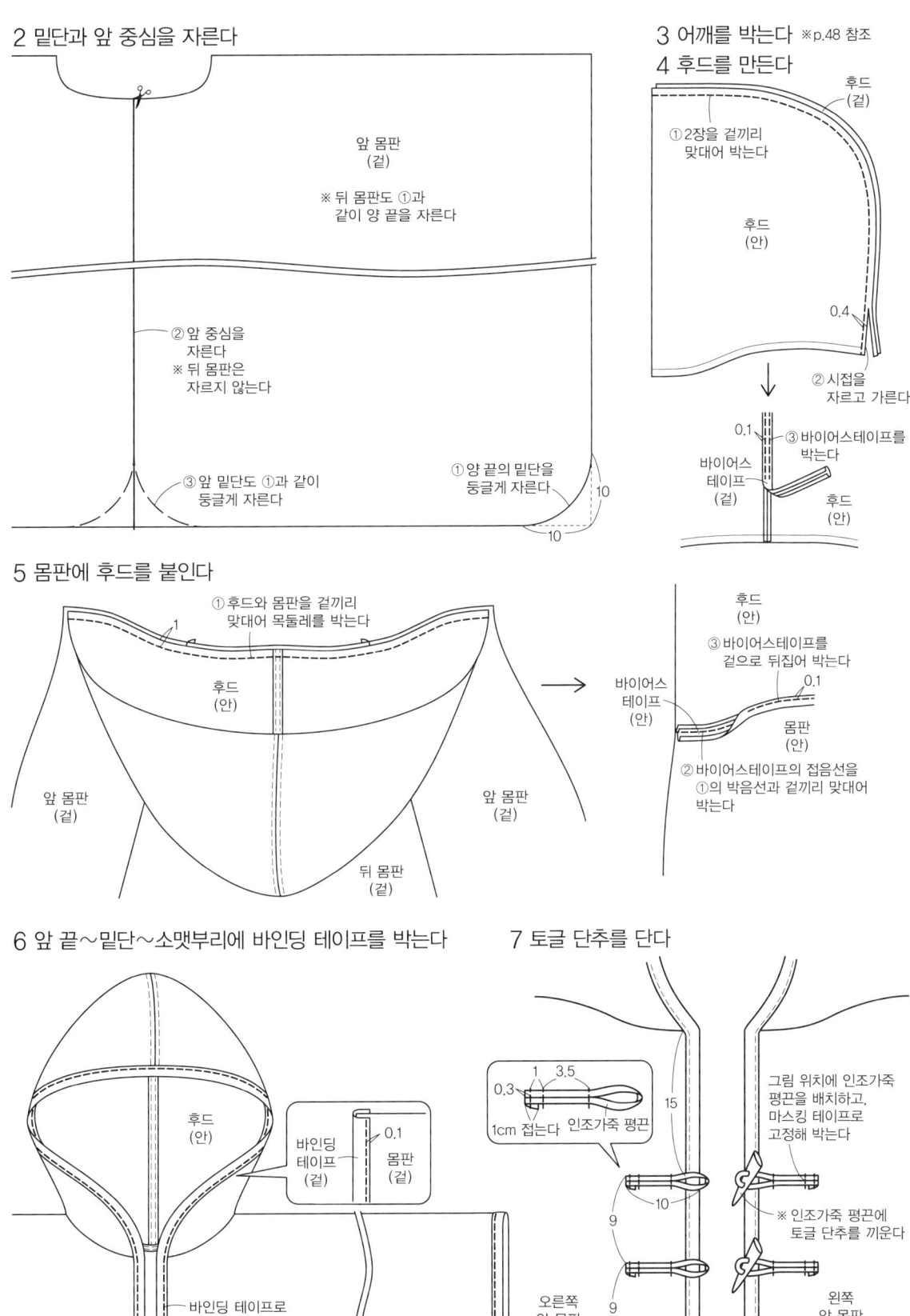

2 밑단과 앞 중심을 자른다

앞 몸판
(겉)

※ 뒤 몸판도 ①과
같이 양 끝을 자른다

② 앞 중심을
자른다
※ 뒤 몸판은
자르지 않는다

③ 앞 밑단도 ①과 같이
둥글게 자른다

① 양 끝의 밑단을
둥글게 자른다

10

10

3 어깨를 박는다 ※p.48 참조
4 후드를 만든다

후드
(겉)

① 2장을 겉끼리
맞대어 박는다

후드
(안)

0.4

② 시접을
자르고 가른다

0.1

③ 바이어스테이프를
박는다

바이어스
테이프
(겉)

후드
(안)

5 몸판에 후드를 붙인다

① 후드와 몸판을 겉끼리
맞대어 목둘레를 박는다

1

후드
(안)

앞 몸판
(겉)

앞 몸판
(겉)

뒤 몸판
(겉)

후드
(안)

③ 바이어스테이프를
겉으로 뒤집어 박는다

바이어스
테이프
(안)

0.1

몸판
(안)

② 바이어스테이프의 접음선을
①의 박음선과 겉끼리 맞대어
박는다

6 앞 끝~밑단~소맷부리에 바인딩 테이프를 박는다

후드
(안)

바인딩
테이프
(겉)

0.1

몸판
(겉)

앞 몸판
(겉)

바인딩 테이프로
천 끝을 끼워서
빙 둘러 한 바퀴 박는다

7 토글 단추를 단다

1   3.5

0.3

1cm 접는다   인조가죽 평끈

그림 위치에 인조가죽
평끈을 배치하고,
마스킹 테이프로
고정해 박는다

15

10

9

9

오른쪽
앞 몸판
(겉)

※ 인조가죽 평끈에
토글 단추를 끼운다

왼쪽
앞 몸판
(겉)

18 *earmuff* 이어머프 *photo ⇒ p.33*

실물 대형 옷본 ⇒ D면

재료 ※프리 사이즈
페이크 퍼(블랙)…80×40cm
코튼 프린트…80×40cm
0.5cm 폭 스웨이드풍 테이프…50cm×2개

완성 치수
얼굴 둘레…55cm

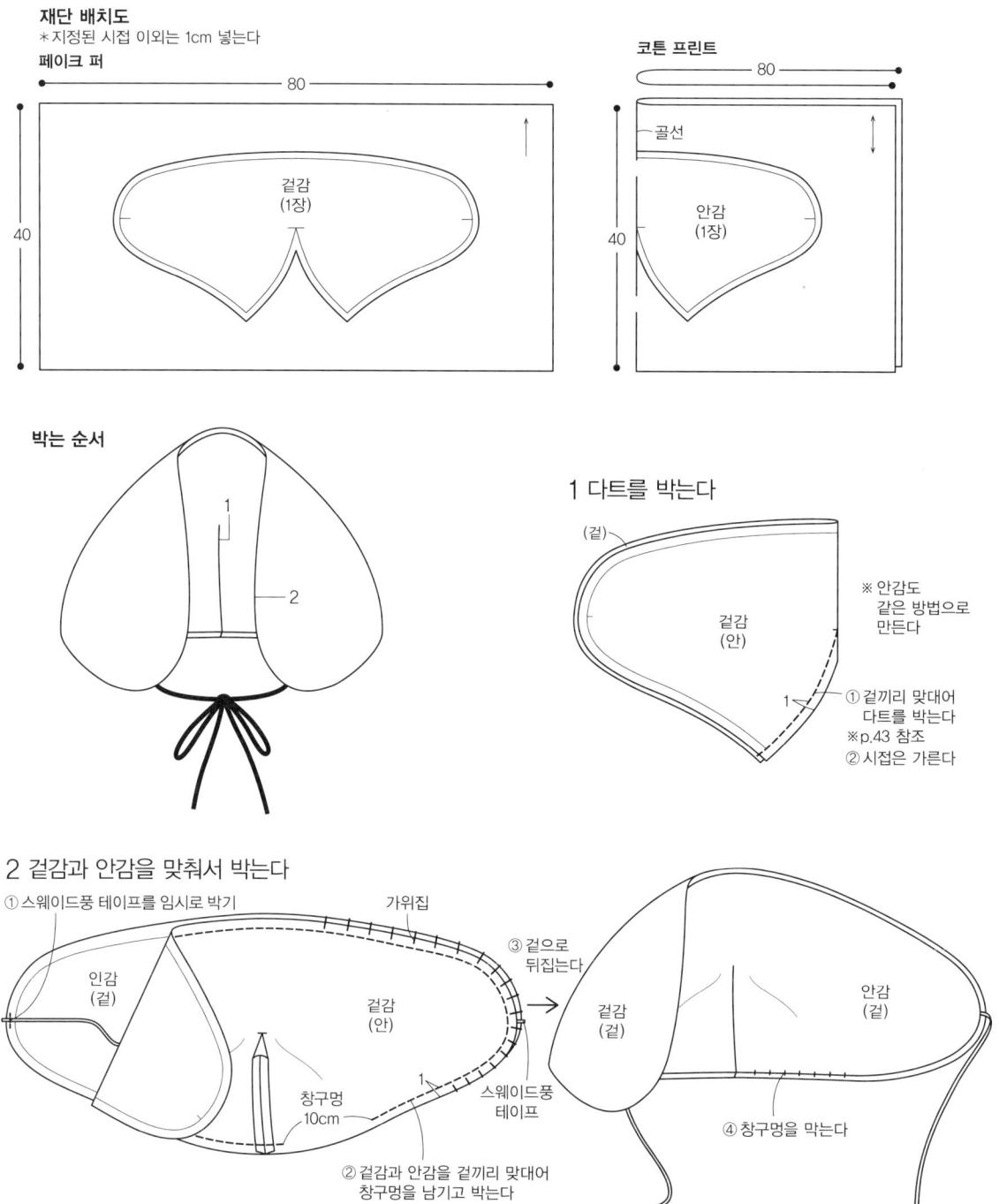

재단 배치도
*지정된 시접 이외는 1cm 넣는다
페이크 퍼

80

40

겉감
(1장)

코튼 프린트

80

골선

40

안감
(1장)

박는 순서

1

2

1 다트를 박는다

(겉)

겉감
(안)

1

※ 안감도
같은 방법으로
만든다

① 겉끼리 맞대어
다트를 박는다
※p.43 참조
② 시접은 가른다

2 겉감과 안감을 맞춰서 박는다

① 스웨이드풍 테이프를 임시로 박기

가위집

인감
(겉)

겉감
(안)

창구멍
10cm

1

③ 겉으로
뒤집는다

스웨이드풍
테이프

겉감
(겉)

안감
(겉)

④ 창구멍을 막는다

② 겉감과 안감을 겉끼리 맞대어
창구멍을 남기고 박는다

20 *robe* 로브 로브 코트 *photo ⇒ p.36*

photo ⇒ p.36

실물 대형 옷본 ⇒ D면
고리 끈은 재단 배치도 치수로 자른다

재료   ※왼쪽부터 S/M/L/LL 사이즈
선세탁 리넨 헤링본(블랙)
…140cm 폭×390/390/500/610cm

완성 치수
가슴둘레…106/110/115/120cm
옷 길이…약 115cm(공통)
소매길이…53cm(공통)

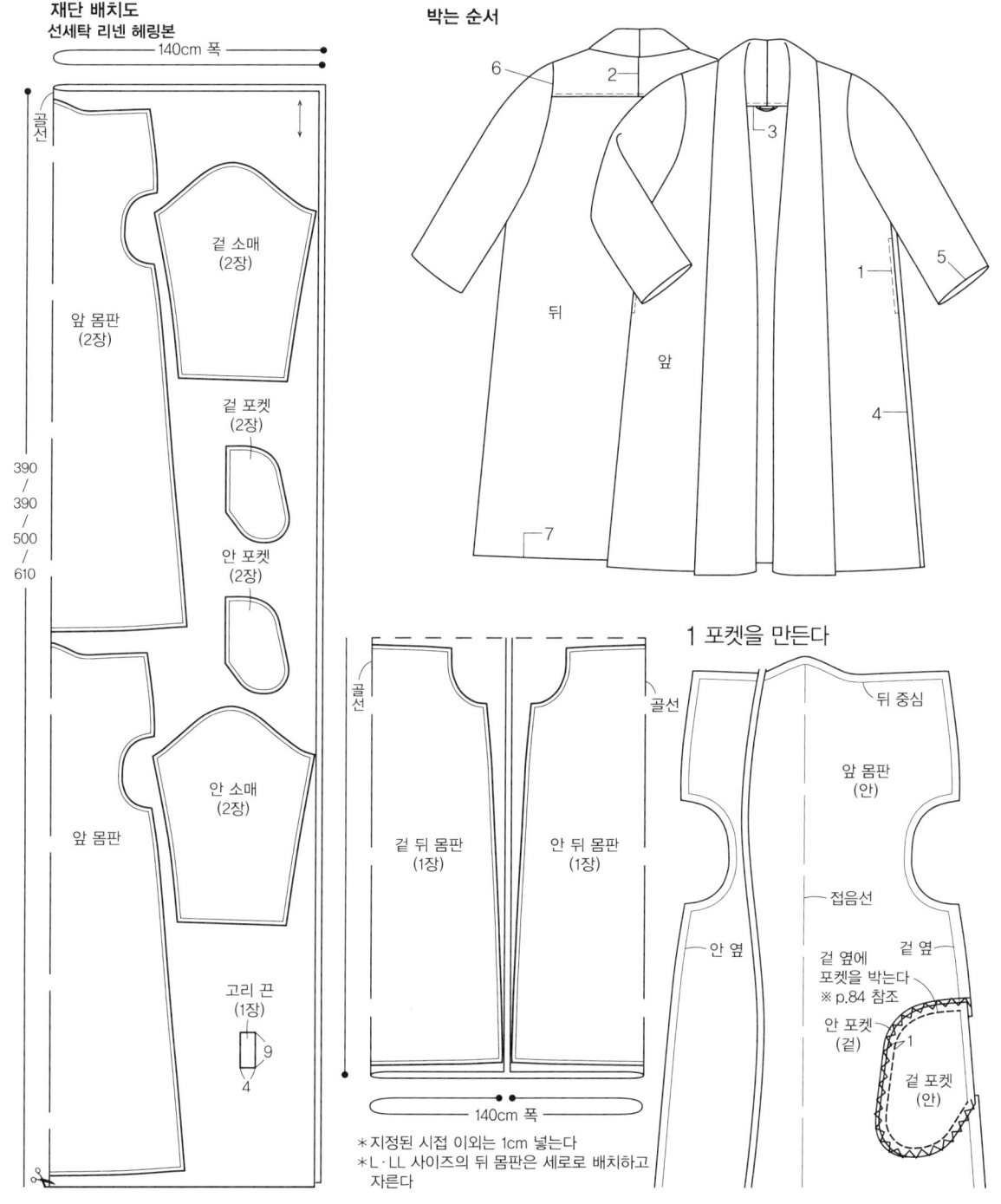

재단 배치도
선세탁 리넨 헤링본

140cm 폭

골선

겉 소매
(2장)

앞 몸판
(2장)

겉 포켓
(2장)

안 포켓
(2장)

안 소매
(2장)

앞 몸판

고리 끈
(1장)
9
4

390
/
390
/
500
/
610

박는 순서

6
2
3
1
5
뒤
앞
4
7

겉 뒤 몸판
(1장)

안 뒤 몸판
(1장)

골선

골선

140cm 폭

1 포켓을 만든다

뒤 중심

앞 몸판
(안)

접음선

안 옆

겉 옆

겉 옆에
포켓을 박는다
※ p.84 참조

안 포켓
(겉)

겉 포켓
(안)

1

＊지정된 시접 이외는 1cm 넣는다
＊L·LL 사이즈의 뒤 몸판은 세로로 배치하고
  자른다

2 뒤 중심을 박는다
3 앞 몸판과 뒤 몸판을 맞춰서 박는다

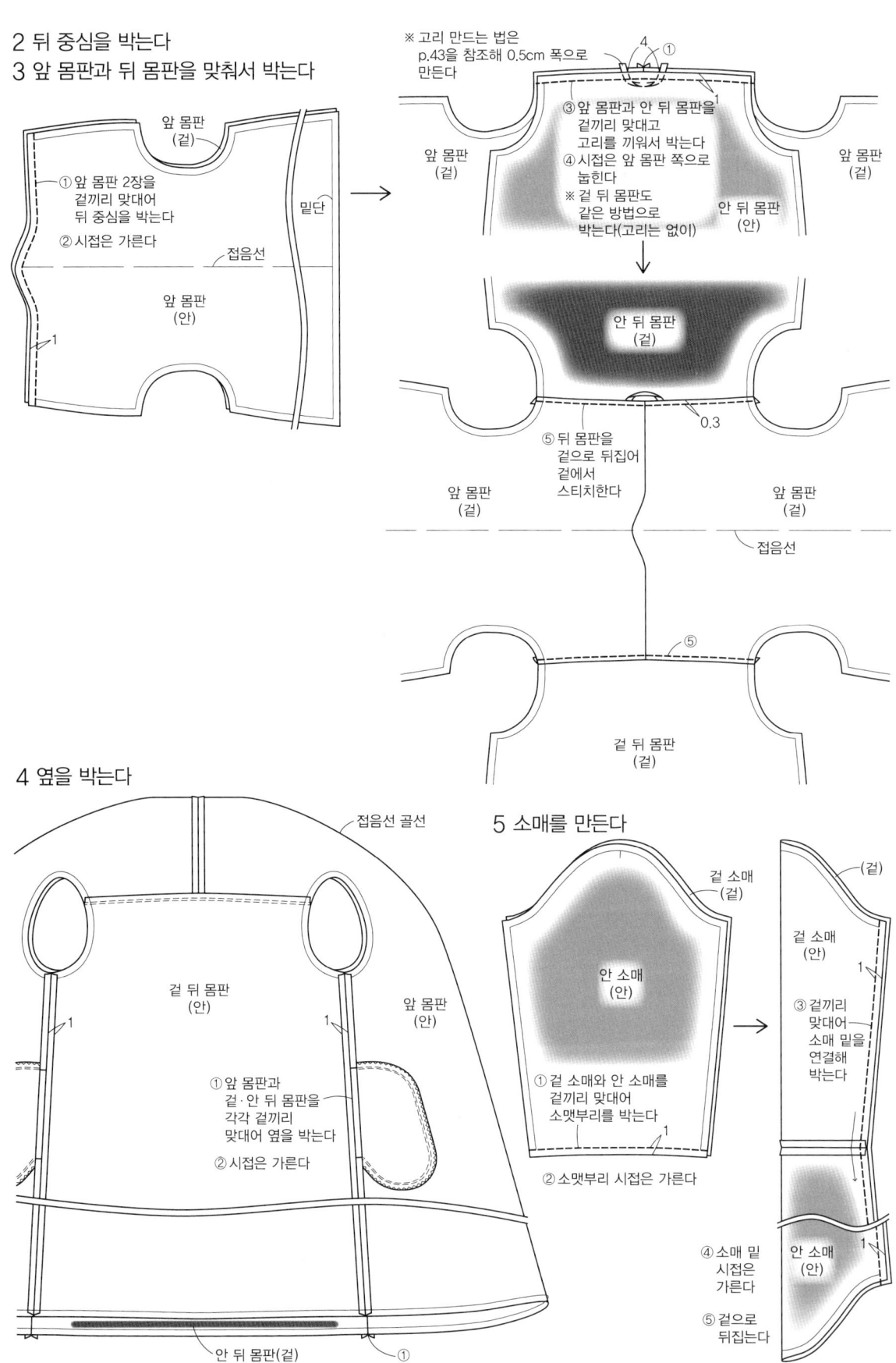

① 앞 몸판 2장을
겉끼리 맞대어
뒤 중심을 박는다

② 시접은 가른다

앞 몸판
(겉)

밑단

접음선

앞 몸판
(안)

1

※ 고리 만드는 법은
p.43을 참조해 0.5cm 폭으로
만든다

4 ①

③ 앞 몸판과 안 뒤 몸판을
겉끼리 맞대고
고리를 끼워서 박는다

④ 시접은 앞 몸판 쪽으로
눕힌다

※ 겉 뒤 몸판도
같은 방법으로
박는다(고리는 없이)

앞 몸판
(겉)

앞 몸판
(겉)

안 뒤 몸판
(안)

안 뒤 몸판
(겉)

0.3

⑤ 뒤 몸판을
겉으로 뒤집어
겉에서
스티치한다

앞 몸판
(겉)

앞 몸판
(겉)

접음선

⑤

겉 뒤 몸판
(겉)

4 옆을 박는다

접음선 골선

겉 뒤 몸판
(안)

앞 몸판
(안)

1

1

① 앞 몸판과
겉·안 뒤 몸판을
각각 겉끼리
맞대어 옆을 박는다

② 시접은 가른다

안 뒤 몸판(겉)

①

5 소매를 만든다

겉 소매
(겉)

안 소매
(안)

① 겉 소매와 안 소매를
겉끼리 맞대어
소맷부리를 박는다

1

② 소맷부리 시접은 가른다

겉 소매
(안)

1

③ 겉끼리
맞대어
소매 밑을
연결해
박는다

④ 소매 밑
시접은
가른다

⑤ 겉으로
뒤집는다

안 소매
(안)

1

6 소매를 붙인다

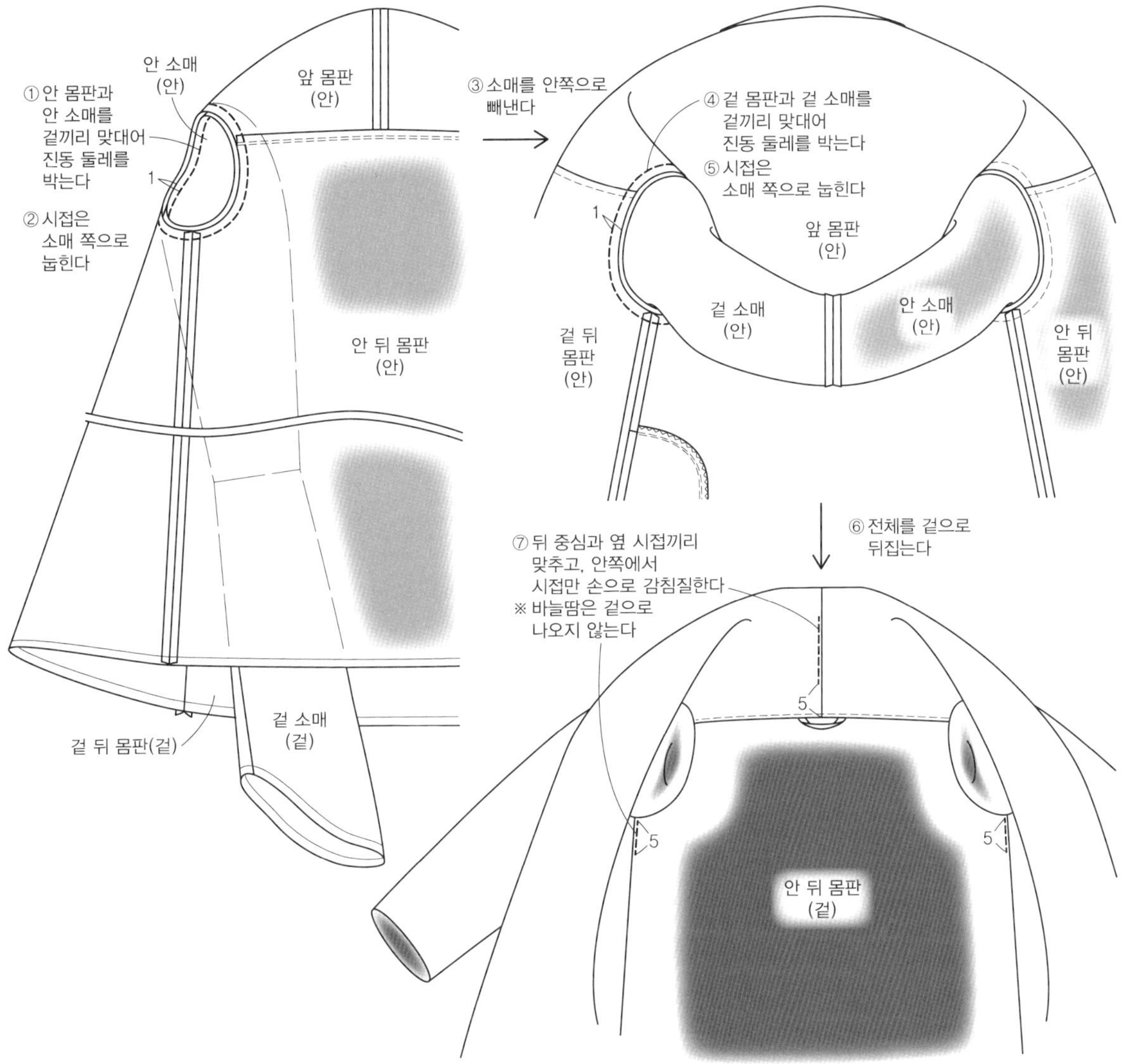

① 안 몸판과
안 소매를
겉끼리 맞대어
진동 둘레를
박는다

② 시접은
소매 쪽으로
눕힌다

안 소매
(안)

앞 몸판
(안)

1

안 뒤 몸판
(안)

겉 뒤 몸판(겉)

겉 소매
(겉)

③ 소매를 안쪽으로
빼낸다

④ 겉 몸판과 겉 소매를
겉끼리 맞대어
진동 둘레를 박는다

⑤ 시접은
소매 쪽으로
눕힌다

앞 몸판
(안)

1

겉 뒤
몸판
(안)

겉 소매
(안)

안 소매
(안)

안 뒤
몸판
(안)

⑥ 전체를 겉으로
뒤집는다

⑦ 뒤 중심과 옆 시접끼리
맞추고, 안쪽에서
시접만 손으로 감침질한다
※ 바늘땀은 겉으로
나오지 않는다

5

5

5

안 뒤 몸판
(겉)

7 밑단을 박는다

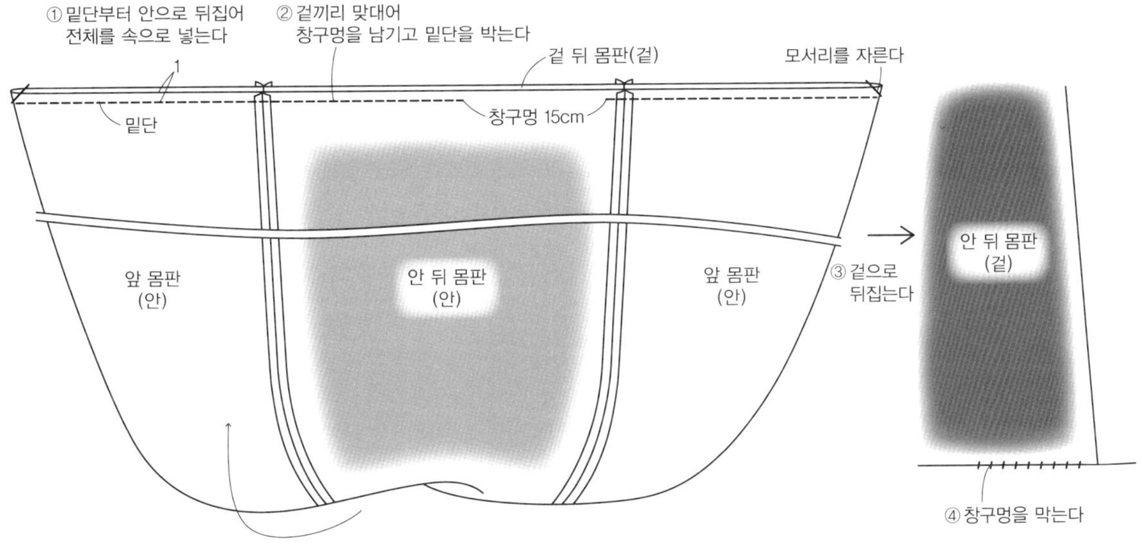

① 밑단부터 안으로 뒤집어
전체를 속으로 넣는다

1

밑단

② 겉끼리 맞대어
창구멍을 남기고 밑단을 박는다

창구멍 15cm

겉 뒤 몸판(겉)

모서리를 자른다

앞 몸판
(안)

안 뒤 몸판
(안)

앞 몸판
(안)

③ 겉으로
뒤집는다

안 뒤 몸판
(겉)

④ 창구멍을 막는다

83

22 *chester* 체스터 체스터 코트 b *photo ⇒ p.40*

실물 대형 옷본 ⇒ *D*면
단추 천은 재단 배치도 치수로 자른다

재료 ※왼쪽부터 S/M/L/LL 사이즈
셰틀랜드 울 리넨 헤링본 LW25(449 카키)
…110cm 폭×370/370/380/380cm
울 리넨(차콜)…70×20cm
접착심지…70×120cm
1.2cm 폭 늘어짐 방지 테이프…200cm
지름 2.5cm 싸개 단추…2개

완성 치수
가슴둘레…102/106/111/116cm
옷 길이…100cm(공통)
소매길이…56cm(공통)

재단 배치도

셰틀랜드 울 리넨

├─110cm 폭─┤

골선

뒤 몸판
(1장)

1.5

4

뒤 안단
(1장)

1.5

앞 몸판
(2장)

370
/
370
/
380
/
380

1.5

4

1.5

겉 포켓
(2장)

1.5

안 포켓
(2장)

안 칼라
(1장)

소매
(2장)

3

울 리넨

├─70─┤

20

겉 칼라(1장)

5

0

골선

단추 천
(2장)

앞
안단
(2장)

* 지정된 시접 이외는 1cm 넣는다
* ▨는 접착심지를 붙인다
* ▨는 늘어짐 방지 테이프를
몸판 어깨와 목둘레, 앞 몸판과
뒤 몸판의 포켓 입구
시접에 붙인다

박는 순서

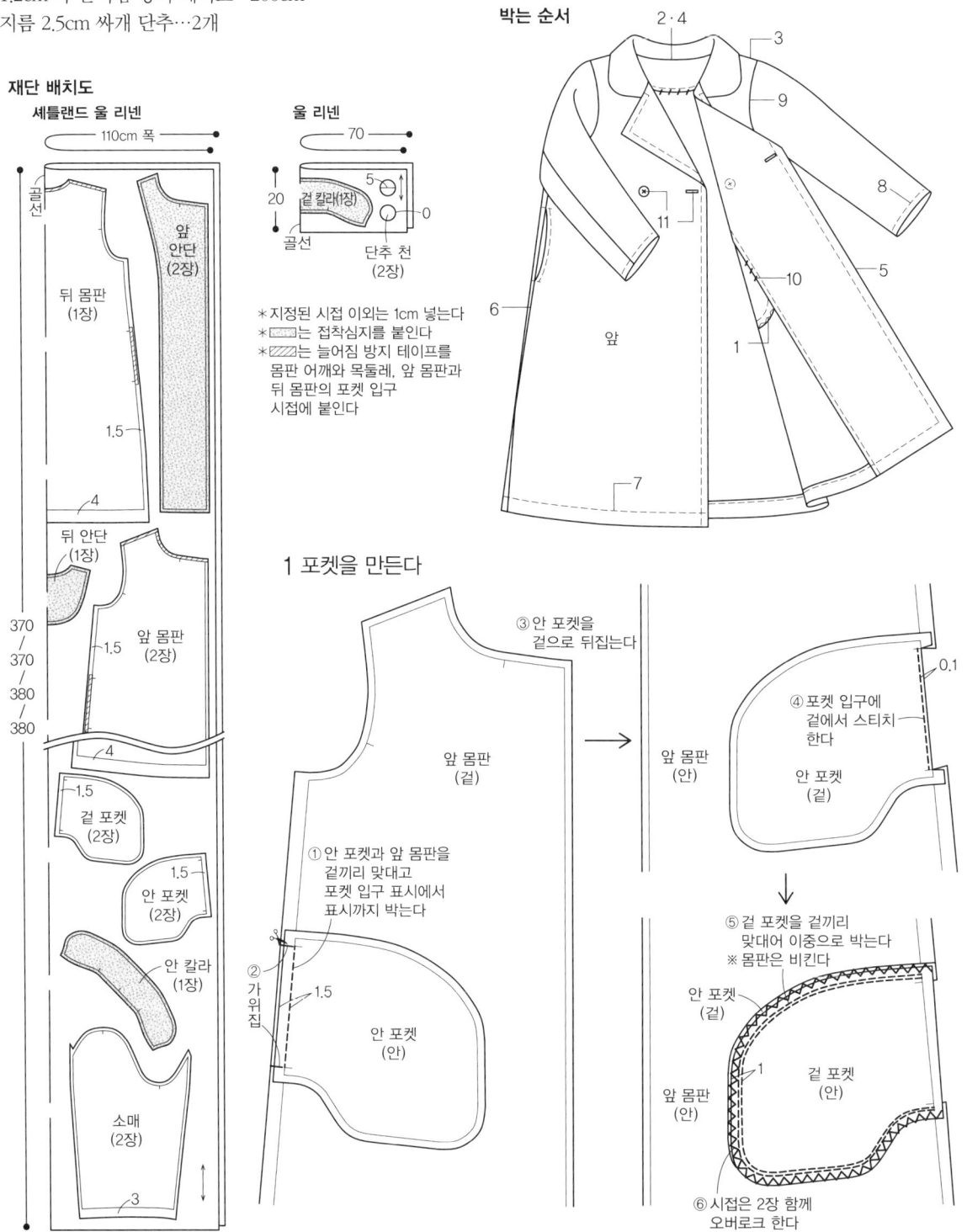

2·4

3

9

11

10

8

5

1

6

앞

7

1 포켓을 만든다

앞 몸판
(겉)

① 안 포켓과 앞 몸판을
겉끼리 맞대고
포켓 입구 표시에서
표시까지 박는다

②
가
위
집

1.5

안 포켓
(안)

③ 안 포켓을
겉으로 뒤집는다

앞 몸판
(안)

안 포켓
(겉)

0.1

④ 포켓 입구에
겉에서 스티치
한다

⑤ 겉 포켓을 겉끼리
맞대어 이중으로 박는다
※ 몸판은 비킨다

안 포켓
(겉)

1

겉 포켓
(안)

앞 몸판
(안)

⑥ 시접은 2장 함께
오버로크 한다

2 안단을 만든다

① 앞 안단과
뒤 안단을
겉끼리 맞대어
어깨를 박고
시접은 가른다

③ 시접을 접고
스티치한다

뒤 안단
(안)

0.5

1

② 바깥 주위
시접에
오버로크 한다

1cm 접는다

앞 안단
(안)

앞 안단
(안)

④ 안단과 겉 칼라를
겉끼리 맞대어
칼라 다는
끝까지
박는다

뒤 안단
(겉)

겉 칼라
(안)

1

가위집

칼라 다는 끝에도
가위집

앞 안단
(겉)

⑤ 시접을 가르고
다림질로 정돈한다

겉 칼라
(안)

앞 안단
(안)

뒤 안단
(안)

앞 안단
(안)

3 어깨를 박는다

① 앞뒤 몸판
시접에
오버로크
한다

② 앞 몸판과 뒤 몸판을
겉끼리 맞대어 어깨를 박는다

1

③ 시접은
가른다

뒤 몸판
(겉)

앞 몸판
(안)

4 몸판과 안 칼라를 박는다 ※2-④⑤ 참조
5 몸판과 안단을 맞춰 박는다

겉 칼라
(안)

안 칼라(겉)

가위집

모서리를 자른다

뒤 안단
(안)

① 몸판과 안단을
겉끼리 맞대어
앞 밑단~앞 끝~칼라를
연결해 박는다

뒤 몸판
(겉)

앞 안단
(안)

1

앞 몸판
(겉)

1

안단
(안)

모서리를
자른다

1.5

② 앞 몸판의 앞 밑단
시접을 자른다

③ 안단과 칼라를
겉으로 뒤집는다

겉 칼라
(겉)

1

1

④ 안단에
스티치한다
〈21〉은 칼라에도
연결해 스티치한다
※ 밑단은 3cm 앞에서
끝낸다

앞 안단
(겉)

뒤 안단
(겉)

뒤 몸판
(안)

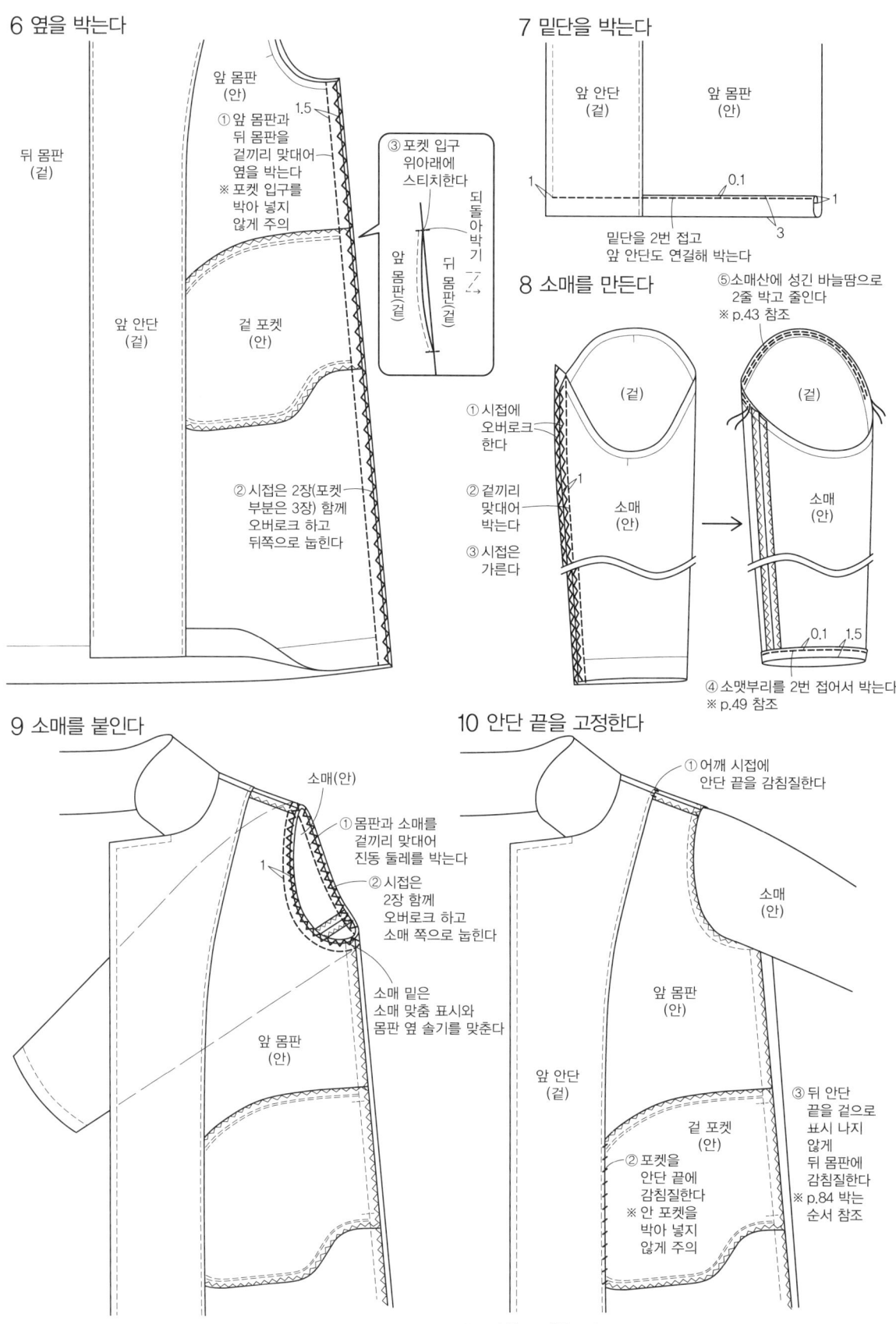

6 옆을 박는다

뒤 몸판
(겉)

앞 몸판
(안)

1.5

① 앞 몸판과
뒤 몸판을
겉끼리 맞대어
옆을 박는다
※ 포켓 입구를
박아 넣지
않게 주의

앞 안단
(겉)

겉 포켓
(안)

③ 포켓 입구
위아래에
스티치한다

되돌아박기

앞 몸판(겉)

뒤 몸판(겉)

② 시접은 2장(포켓
부분은 3장) 함께
오버로크 하고
뒤쪽으로 눕힌다

7 밑단을 박는다

앞 안단
(겉)

앞 몸판
(안)

1

0.1

3

1

밑단을 2번 접고
앞 안단도 연결해 박는다

8 소매를 만든다

⑤소매산에 성긴 바늘땀으로
2줄 박고 줄인다
※ p.43 참조

(겉)

소매
(안)

① 시접에
오버로크
한다

1

② 겉끼리
맞대어
박는다

③ 시접은
가른다

(겉)

소매
(안)

0.1 1.5

④ 소맷부리를 2번 접어서 박는다
※ p.49 참조

9 소매를 붙인다

소매(안)

① 몸판과 소매를
겉끼리 맞대어
진동 둘레를 박는다

1

② 시접은
2장 함께
오버로크 하고
소매 쪽으로 눕힌다

소매 밑은
소매 맞춤 표시와
몸판 옆 솔기를 맞춘다

앞 몸판
(안)

10 안단 끝을 고정한다

① 어깨 시접에
안단 끝을 감침질한다

소매
(안)

앞 몸판
(안)

앞 안단
(겉)

겉 포켓
(안)

② 포켓을
안단 끝에
감침질한다
※ 안 포켓을
박아 넣지
않게 주의

③ 뒤 안단
끝을 겉으로
표시 나지
않게
뒤 몸판에
감침질한다
※ p.84 박는
순서 참조

11 단춧구멍을 만들고, 싸개 단추를 만들어 단다

실물 대형 옷본 ⇒ *D면*
고리는 재단 배치도 치수로 자른다

재료 ※왼쪽부터 S/M/L/LL 사이즈
울 코튼 트윌 워싱 가공(다크 그레이 12)
…134cm 폭×370/370/380/380cm
접착심지…70×120cm
1.2cm 폭 늘어짐 방지 테이프…200cm

완성 치수
가슴둘레…102/106/111/116cm
옷 길이…100cm(공통)
소매길이…56cm(공통)

박는 순서

재단 배치도
울 코튼 트윌

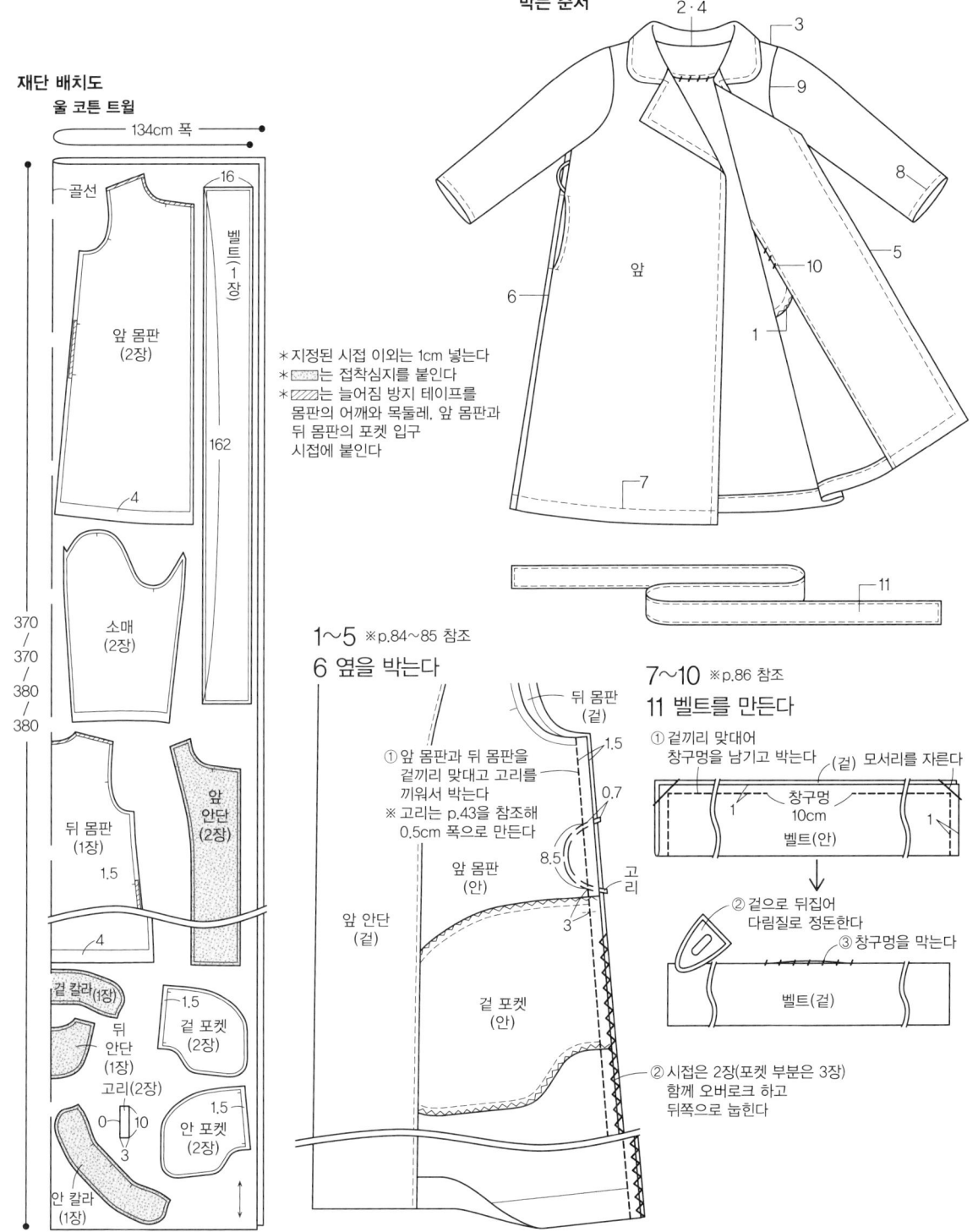

＊지정된 시접 이외는 1cm 넣는다
＊▨는 접착심지를 붙인다
＊▨는 늘어짐 방지 테이프를
　몸판의 어깨와 목둘레, 앞 몸판과
　뒤 몸판의 포켓 입구
　시접에 붙인다

1~5 ※p.84~85 참조
6 옆을 박는다

① 앞 몸판과 뒤 몸판을
　겉끼리 맞대고 고리를
　끼워서 박는다
※ 고리는 p.43을 참조해
　0.5cm 폭으로 만든다

② 시접은 2장(포켓 부분은 3장)
　함께 오버로크 하고
　뒤쪽으로 눕힌다

7~10 ※p.86 참조
11 벨트를 만든다

① 겉끼리 맞대어
　창구멍을 남기고 박는다

(겉) 모서리를 자른다
창구멍
10cm
벨트(안)

② 겉으로 뒤집어
　다림질로 정돈한다
③ 창구멍을 막는다

벨트(겉)

Otona Ni Nattemo Kitai Monogatari No Aru Fuku (NV80694)
ⓒ Yui Nakayama / NIHON VOGUE-SHA 2021
Photographer: Nobuhiro Miyoshi
First published in Japan in 2021 by NIHON VOGUE Corp.
Korean translation rights arranged with NIHON VOGUE Corp.
through Shinwon Agency Co.
Korean translation rights ⓒ 2024 by Iaso Publishing Co.

지금 입기 좋은 옷

초판 1쇄 발행 2024년 5월 20일

지은이 나카야마 유이
옮긴이 황선영
감 수 문수연
펴낸이 명혜정
펴낸곳 도서출판 이아소
편집장 송수영
교 열 정수완
디자인 황경성

등록번호 제311-2004-00014호
등록일자 2004년 4월 22일
주소 04002 서울시 마포구 월드컵북로5나길 18 1012호
전화 (02)337-0446 **팩스** (02)337-0402

책값은 뒤표지에 있습니다.
ISBN 979-11-87113-62-1 13590

도서출판 이아소는 독자 여러분의 의견을 소중하게 생각합니다.
E-mail: iasobook@gmail.com